Michael Schulz

Kundenzufriedenheit und Kundenbindung in der Tankstellenbranche

Eine empirische Studie am Beispiel einer Markentankstelle

Herausgegeben von Carsten Rennhak und Svend Hollensen

Beiträge zur anwendungsorientierten Unternehmensführung

Schriftenreihe der Europäischen Fernhochschule Hamburg

Herausgeber: Prof. Dr. Jörn Altmann und Prof. Dr. Ronald Deckert

ISSN 2192-0478

1 *Katy Kohrs*
Seepiraterie
Risikomanagement für Reedereien, Ladungseigner und Versicherer
ISBN 978-3-8382-0261-7

2 *Michael Schulz*
Kundenzufriedenheit und Kundenbindung in der Tankstellenbranche
Eine empirische Studie am Beispiel einer Markentankstelle
ISBN 978-3-8382-0228-0

Michael Schulz

KUNDENZUFRIEDENHEIT UND KUNDENBINDUNG IN DER TANKSTELLENBRANCHE

Eine empirische Studie am Beispiel einer Markentankstelle

Herausgegeben von Carsten Rennhak und Svend Hollensen

ibidem-Verlag
Stuttgart

Bibliografische Information der Deutschen Nationalbibliothek
Die Deutsche Nationalbibliothek verzeichnet diese Publikation in der Deutschen Nationalbibliografie; detaillierte bibliografische Daten sind im Internet über http://dnb.d-nb.de abrufbar.

Bibliographic information published by the Deutsche Nationalbibliothek
Die Deutsche Nationalbibliothek lists this publication in the Deutsche Nationalbibliografie; detailed bibliographic data are available in the Internet at http://dnb.d-nb.de.

∞

Gedruckt auf alterungsbeständigem, säurefreien Papier
Printed on acid-free paper

ISSN: 2192-0478

ISBN-13: 978-3-8382-0228-0

Printed in Germany

„The Purpose of a Business is to Create a Customer."
(Peter Drucker, 1954)

Vorwort der Reihenherausgeber

Mit dieser Schriftenreihe der Europäischen Fernhochschule Hamburg haben Absolventinnen und Absolventen die Möglichkeit, auf Basis ihrer Abschlussarbeiten zu veröffentlichen und damit ihre Beiträge einer breiteren Interessentengruppe aus Praxis und Wissenschaft zur Verfügung zu stellen.

Die Ausführungen können Anregungen für die eigene Arbeit in Unternehmen bzw. in Organisationen geben; beispielsweise mit Blick auf die Einführung von Managementinstrumenten. Auch fokussierte Themenstellungen können Möglichkeiten einer Übertragung auf andere Unternehmenskontexte unter Berücksichtigung der jeweils spezifischen Gegebenheiten bieten.

Wir bedanken uns an dieser Stelle sehr herzlich bei der Autorin, den Buchherausgebern für die fachliche Betreuung und dem ***ibidem***-Verlag für die vertrauensvolle Zusammenarbeit und wünschen der Leserschaft eine anregende Lektüre.

Prof. Dr. Jörn Altmann — Prof. Dr. Ronald Deckert

Geleitwort

Die Bedeutung des Themenkomplexes „Kundenbindung" hat seit den 80er Jahren in Wissenschaft und Praxis stark zugenommen. Eine Vielzahl von Studien belegt, dass Unternehmen aktuell die Kundenbindung als wichtigsten Erfolgsfaktor im Marketing ansehen. In der aktuellen Wettbewerbssituation haben die Unternehmen jedoch Schwierigkeiten, tatsächlich bindende Leistungsvorteile zu vermitteln – die klassischen Instrumente des Marketing-Mix sind erschöpft. Anbieter versuchen nun dieser Herausforderung zu begegnen, indem sie ein mannigfaltiges Spektrum von Programmen zum Einsatz bringen, um ihre Kunden zu binden. Die spektakulären Erfolge von Kartenprogrammen wie Miles&More oder auch Payback erhöhen in vielen Fällen den Druck auf das Management, auch ein eigenes, nach außen weithin sichtbares Programm aufzulegen. Diese instrumentenfokussierten Ansätze greifen in der Regel jedoch deutlich zu kurz, um der umfassenden und komplexen Natur der Herausforderung Kundenbindung gerecht zu werden.

Während das transaktionsorientierte Marketing auf den Absatz von Produkten und Diensten abzielt, befasst sich das Beziehungsmarketing – oder neudeutsch Relationship Marketing – mit dem Erhalt und der Steuerung von Kundenbeziehungen. Beziehungsmarketing umfasst entsprechend Maßnahmen der Analyse, Planung, Durchführung und Kontrolle, die dazu dienen, die Kundenbeziehung zu initiieren, zu stabilisieren, zu intensivieren und wiederaufzunehmen.

Nachhaltige Kundenbindung macht eine Ablösung der Produktsichtweise durch eine kundenfokussierte Ausrichtung notwendig. Dazu ist zum einen eine Optimierung der Vermarktungsfähigkeiten durch verstärkte Nutzung neuer Vertriebswege, optimierte Kundensegmentierung und zielgruppenspezifische Marketingprogramme sowie ein verbesserter Service zwingend. Eine auf den Kunden ausgerichtete Strategie und kundenorientierte Mitarbeiterinnen und Mitarbeiter sind entscheidende Voraussetzungen für eine Qualitätsleistung, die Kunden an Unternehmen binden kann. Kundenzufriedenheit basiert nicht nur darauf, wie individuell Unternehmen ihre Produkte auf die Kundenbedürfnisse maßschneidern können, sondern auch wie bequem sie für den einzelnen Kunden erreichbar sind. Zum anderen muss parallel zu diesen Anstrengungen der Kunde in das Zentrum sämtlicher Anstrengungen rücken; oberste Priorität ist dabei die Weiterentwicklung des bestehenden Kundenstammes. Die Herausforderung beim Thema Kundenbindung besteht darin, ein Maximum des Geschäftsvolumens der jeweiligen Kunden auf das eigene Unternehmen zu vereinen. Mit welchen Produkten und Diensten dies geschieht, ist zweitrangig.

Michael Schulz untersucht in der vorliegenden Arbeit für eine bestimmte Tankstelle die Zufriedenheit der Kunden mit sowie deren Loyalität bzw. Bindung zu ebendieser Tankstelle. Dazu gibt er zunächst einen kompakten Überblick über die Wettbewerbssituation im deutschen Tankstellenmarkt sowie die zentralen theoretischen Fundamente des Themenfeldes Kundenbindung. Auf dieser Basis entwickelt er dann ein umfassendes und detailliertes Messinstrument für den Einsatz im Rahmen seiner umfangreichen Feldstudie. Mittels seiner empirischen Untersuchung gelingt es dem Autor gezielt praktisch umsetzbare Managementimplikationen abzuleiten.

Carsten Rennhak & Svend Hollensen

Management Summary

Die vorliegende Arbeit hat den Zweck, für eine bestimmte Tankstelle (Tankstelle *M. Paries GmbH* mit Standort in Deutschland) die Zufriedenheit der Kunden sowie deren Loyalität bzw. Bindung zur Tankstelle zu ermitteln. Dazu wurde ein Fragebogen entworfen und in einer Feldstudie Interviews mit mehr als 100 Kunden der *M. Paries GmbH* durchgeführt.

Im theoretischen Teil der Arbeit wird zunächst ein Überblick über die Situation der Tankstellenbranche in Deutschland gegeben, die sich sehr heterogen präsentiert und außerdem insgesamt durch hohen Konkurrenzdruck und eine schon seit Jahren angespannte wirtschaftliche Situation geprägt ist.

Es folgen Definitionen der zentralen Begriffe im Umfeld der Kundenzufriedenheit sowie die Erklärung der entsprechenden Wirkungsketten, also die Klärung der Frage, wie es in einer Beziehung zwischen Kunde und Unternehmen zu dem Phänomen der Zufriedenheit und der Kundenbindung kommt. Mit Hilfe dieser Zusammenhänge können dann die Determinanten für Zufriedenheit und Bindung bestimmt werden.

In weiteren Schritten wurde ein Ansatz zur Messung festgelegt und eine Operationalisierung von Kundenzufriedenheit und Kundenbindung durchgeführt.

Die Analyse im Anschluss an die Messung ergab schließlich, dass im vorliegenden Fall keine unterdurchschnittliche Kundenzufriedenheit oder starke Gefahr Kunden zu verlieren vorliegt. Im Gegenteil kann man in weiten Bereichen von überdurchschnittlicher Zufriedenheit sprechen. Die Analyse belegt jedoch auch einzelne Schwächen (z.B. im Bereich der technischen Ausstattung und des funktionalen Nutzens) und kann so auf der Ebene einzelner Leistungskriterien Ansätze für Verbesserungen liefern.

Inhaltsverzeichnis

Abbildungsverzeichnis 13

1 Zielsetzung der Studie 15

2 Die Situation auf dem deutschen Tankstellenmarkt 17

2.1 Definition Tankstelle 17

2.2 Die Struktur des deutschen Tankstellenmarktes 18

2.3 Die Ertragssituation an deutschen Tankstellen 20

2.4 Erfolgsfaktoren in der Tankstellenbranche 22

3 Grundlagen 27

3.1 Entwicklung des Themas Kundenbindung 27

3.2 Definitionen und Abgrenzung der Begriffe 31

3.3 Wichtige Wirkungsketten 42

3.4 Typologisierung von Bindungsursachen 45

3.5 Theoretische Perspektiven der Kundenbindung 46

4 Die Feldstudie 51

4.1 Die untersuchte Tankstelle 51

4.2 Ansatz zur Messung 53

4.3 Operationalisierung 56

4.4 Konzept 59

4.5 Gestaltung des Fragebogens 60

5 Analyse der Messung 65

5.1 Auswertung der globalen Ebene 65

5.2 Auswertung auf Detailebene 68

5.3 Bedeutung einzelner Faktoren für den Kunden 76

5.4 Überblick über die Ergebnisse 81

6 Zusammenfassung der Ergebnisse und Ausblick 83

Anhang 87

A Literaturverzeichnis 88

B Fragebogen 95

a. Struktur des Fragebogens 95

b. Ausgewählte Screenshots des Fragebogens 100

Abbildungsverzeichnis

Abb. 2.1 *Aral "Petit Bistro"* - Fast Food an der Tankstelle (Aral AG) 21

Abb. 2.2 Erfolgsfaktoren 23

Abb. 3.1 Forschungsbezogene Entwicklungslinien des Kundenbindungsmanagements 29

Abb. 3.2 Positive Kundenbindung durch Kundenkarten 31

Abb. 3.3 Abgrenzung Kundenbindungsmanagement 32

Abb. 3.4 Konzeptionalisierung der Kundennähe 34

Abb. 3.5 Customer Satisfaction/Dissatisfaction 36

Abb. 3.6 Konzeptualisierung des Konstruktes „Kundenbindung" 41

Abb. 3.7 Wirkungskette Zufriedenheit/Unzufriedenheit 43

Abb. 3.8 Wirkungskette der Kundenbindung 44

Abb. 4.1 Lage der untersuchten Tankstelle 52

Abb. 4.2 Daten der untersuchten Tankstelle 53

Abb. 4.3 Verfahren zur Messung von Kundenzufriedenheit 56

Abb. 4.4 Gebräuchliche Formulierungen zur Erfassung der Gesamtzufriedenheit und der Kundenbindung 57

Abb. 4.5 Ergebnisebenen 58

Abb. 4.6 In der Feldstudie abgefragte Attribute 63

Abb. 5.1 "Ampel-Skala" 66

Abb. 5.2 Frage GL01 - Zufriedenheit mit der Tankstelle 67

Abb. 5.3 Kundenloyalitätsindex 68

Abb. 5.4 Detailebene - Dienstleistungsprodukt 69

Abb. 5.5 "Gelbe" Attribute des Dienstleistungsprodukts nach Geschlecht ausgewertet 70

Abb. 5.6 Detailebene - Dienstleistungserbringung 71

Abb. 5.7 Detailebene - Lage der Tankstelle 73

Abb. 5.8 Detailebene - Beziehungseigenschaften 73

Abb. 5.9 Detailebene - Beziehungstreibender Nutzen 75

Abb. 5.10 Kritische Attribute des funktionalen Nutzens nach Geschlecht ausgewertet 76

Abb. 5.11 Frage PA01 - Gewichtung der Attribute bei Präferenz *M. Paries GmbH* 78

Abb. 5.12 Wichtigkeit verschiedener Determinanten - Kunden der *M. Paries GmbH* 78

Abb. 5.13 Frage AR03 - Reihenfolge der Wichtigkeit - *Aral*-Kunden 79

Abb. 5.14 Wichtigkeiten verschiedener Determinanten - *Aral*-Kunden 79

Abb. 5.15 Kundenzufriedenheit – Wichtigkeit - Matrix Kunden M. Paries GmbH 80

Abb. 5.16 Zusammenfassung Global- und Detailebene 81

1 Zielsetzung der Studie

Kundenloyalität steigert die Wertschöpfung eines Unternehmens, denn loyale Kunden kaufen öfter, sie sind in der Regel weniger preissensibel, sie steigern bisweilen das akquisitorische Potenzial von Unternehmen durch Mund-zu-Mund-Propaganda und tragen mit ihrem Informationspotenzial zu Problembehebung und Neuproduktentwicklung bei. Wer die Loyalität seiner Käufer gewinnt und dauerhaft bewahren kann, sichert sich aus diesen Gründen mehr Umsatz und reduziert gleichzeitig seine Kosten. Das Ersparte kann wiederum loyalitätsfördernd investiert werden: in umsatzträchtige Innovationen, in kundenfokussierte Mitarbeiter, in guten Service und in loyalitätsorientiertes Marketing. So wird eine Loyalitätsspirale erzeugt, die sich immer weiter nach oben dreht.

Die vorliegende Studie beschäftigt sich mit dem Thema Kundenbindung in der Tankstellenbranche. Für eine konkrete Tankstelle sollen an Hand einer empirischen Untersuchung die Kundenzufriedenheit und die Kundenbindung gemessen und analysiert werden.

Der Autor möchte im Rahmen dieser Studie folgende Fragen klären:

- Wie stark ist die Bindung der Kunden an diese Tankstelle?
- Welches sind die entscheidenden Loyalitätstreiber?
- Wo liegen die Schwächen dieser Tankstelle auf dem Gebiet der Kundenbindung und damit weitere Potentiale?

Um die Zusammenhänge und die Motivation zu dieser Arbeit zu verstehen, werden im folgenden Kapitel zunächst die Branche und die Ausgangslage beschrieben. Ein weiteres Kapitel beschäftigt sich dann mit der Theorie der Kundenbindung. Damit sind die Voraussetzungen gegeben, um in Kapitel 4 die Feldstudie vorzustellen. Die Studie ist auf eine bestimmte Tankstelle abgestimmt (an der sie auch durchgeführt wird), und die Ergebnisse werden in Kapitel 5 vorgestellt und analysiert. Das abschließende Kapitel beschäftigt sich mit den Folgerungen und Empfehlungen, die sich aus den Ergebnissen ergeben.

2 Die Situation auf dem deutschen Tankstellenmarkt

2.1 Definition Tankstelle

In der eng gefassten Definition des *ifo Institut für Wirtschaftsforschung* sind unter Tankstellen *„Handelsbetriebe zu verstehen, die Kraftstoffe für Straßenfahrzeuge (Otto- und Dieselkraftstoffe sowie Auto- und Erdgas) an Endverbraucher vertreiben"* (ifo Institut für Wirtschaftsforschung, 2010, S. 1). In der vorliegenden Studie wird der Begriff der Tankstelle jedoch eher als der eines Convenience Store verstanden. Ein Convenience Store kann definiert werden als *„Laden mit begrenzter Verkaufsfläche für die kurzfristige Versorgung mit Waren des täglichen Bedarfs (Kraftstoffe, Zigaretten, Presse, Backwaren, gekühlte Getränke) sowie Dienstleistungen (Lotto, Toto, Reinigung, Foto-, Postservice, Fotokopierer, Internetanschluss, Faxgeräte, Geldautomaten und Gastronomieangeboten). Convenience Store haben oft hohe Preise, jedoch lange Öffnungszeiten, ggf. 24 Stunden."* (Gabler Wirtschaftslexikon).

Diese beiden Definitionen zusammenfassend ist eine Tankstelle als spezielle Form des Convenience Store anzusehen und wird vom Autor wie folgt definiert:

Unter Tankstellen versteht man Handelsbetriebe, die in der Regel folgende Geschäftsfelder abdecken:

- Der Verkauf von Kraftstoffen für Straßenfahrzeuge an den Endverbraucher. Dabei handelt es sich um Otto- und Dieselkraftstoffe und in den letzten Jahren auch zunehmend (aber immer noch mit einem sehr geringen Anteil) um Auto- und Erdgas.

- Ein Shopgeschäft, das den Einzelhandel mit Waren des täglichen Bedarfs (insbesondere Zigaretten, Presse, Backwaren Getränke, Süßwaren und Fast-Food) und zusätzlich oft auch diverse Dienstleistungen (z.B. Lotto, Toto, Reinigung, Foto-, Postservice, Fotokopierer, Internetanschluss, Faxgeräte, Geldautomaten) umfasst.
- Ein weiteres Geschäftsfeld besteht in Wagenwäsche und Wagenpflege.

2.2 Die Struktur des deutschen Tankstellenmarktes

Der deutsche Tankstellenmarkt ist beherrscht von den 5 Mineralölkonzernen *BP* (unter der Tankstellenmarke *Aral), Shell, Esso, Total* und *Jet*. Zusammen beherrschen diese so genannten „Farbentankstellen" knapp über 60% des deutschen Tankstellenmarktes (ifo Institut für Wirtschaftsforschung, 2010, S. 1). Der Rest des Marktes teilt sich unter Freien Tankstellen (zusammengeschlossen im *BFT – Bundesverband Freier Tankstellen*) und sonstigen Tankstellen (andere Ketten, Nebenbetriebsstationen und nicht organisierte unabhängige Tankstellen) auf.

Weiterhin wichtig für das Verständnis der Branche sind die **Betreibermodelle** der Konzerntankstellen. Unterschieden werden muss hier zwischen Tankstellen, die sich im Besitz des Betreibers befinden und solchen, die sich im Besitz der Mineralölgesellschaft (MöG) befinden. Im ersten Fall verkauft der Betreiber den Kraftstoff in Namen und auf Rechnung des Mineralölkonzerns (Status eines Handelsvertreters) ist dabei aber Eigentümer der Tankstelle. Es handelt sich um eine so genannte DoDo Tankstelle (dealer owner, dealer operator). Dieses Betreibermodell, welches auch auf die untersuchte Tankstelle zutrifft, lässt dem Betreiber neben den Kundenbindungsmaßnahmen des Konzerns noch Raum für eigene Maßnahmen.

Im zweiten oben genannten Fall ist die MöG Eigentümerin der Tankstelle. Diese Stationen werden dann entweder von der MöG selbst betrieben (CoCo - corporate owner, corporate operator), oder - und das ist der wesentlich häufigere Fall - von einem Pächter, der den Tankstellenshop im Eigengeschäft und den Verkauf des Kraftstoffs im Agenturgeschäft (als Handelsvertreter) betreibt - CoDo, corporate owner, dealer operator. Im letztgenannten Fall muss jedoch gegenüber dem DoDo-Modell von einem wesentlich größeren Einfluss der MöG auf den Betreiber der Tankstelle und dessen Strategie ausgegangen werden, so dass die Ergebnisse dieser Arbeit nur sehr begrenzt auf solche Tankstellen übertragbar sind.

Die Zahl der Tankstellen ist nach einem Höchststand von 46680 Stationen im Jahr 1969 seit mehr als 40 Jahren rückläufig und betrug Anfang 2010 14785 Tankstellen. Nach einem Rückgang von lediglich 0,3% im Jahr 2009 geht das *Institut für Wirtschaftsforschung* jedoch davon aus, dass sich der als „Tankstellensterben" bezeichnete Schrumpfungsprozess einem Endpunkt genähert hat (ifo Institut für Wirtschaftsforschung, 2010, S. 1). Grund der extrem rückläufigen Entwicklung ist der Wettbewerb in der Branche. An der

Intensität des Wettbewerbes gibt es dabei kaum einen Zweifel. *„Das geben sogar die Kritiker der Mineralölindustrie insgesamt und der „Big Five" (Aral, Schell, Total, Esso, Jet; d.A.) im Besonderen zu: Nirgendwo sonst in Europa ist der Wettbewerb um den Autofahrer härter als in Deutschland. Und fast nirgendwo wird mit Benzin und Diesel so wenig verdient"* (Ruopp, 2010, S. 4).

2.3 Die Ertragssituation an deutschen Tankstellen

Wie oben beschrieben, bildet **das Kraftstoffgeschäft** an der Tankstelle von heute lediglich einen Teil des Kerngeschäfts. Der Beitrag zum Rohertrag betrug im Jahr 2008 bei den SB-Farbentankstellen lediglich noch 20% (ifo Institut für Wirtschaftsforschung, 2010, S. 3). Zurückzuführen ist diese Situation im Wesentlichen auf steigende Kraftstoffpreise bei gleichzeitig sinkendem Durchschnittsverbrauch der Kraftfahrzeuge. Besonders negativ wirken sich die Preiserhöhungen dabei durch die branchenspezifische Provisionsregelung aus, die eine Vergütung pro Mengeneinheit und nicht prozentual zum Preis vorsieht. Steigende Kraftstoffpreise führen so zu einer prozentual und absolut geringeren Provision. Absolut deshalb, weil die Abgaben an Kreditkartengesellschaften - bei Bezahlung mit Kreditkarte – durch den Betreiber prozentual zum Kraftstoffpreis zu leisten sind.

Das Shopgeschäft kann an der heutigen Tankstelle als das zentrale Geschäftsfeld betrachtet werden. Zum Rohertrag einer SB-Farbentankstelle trägt es durchschnittlich mit 56% bei. Das kontinuierliche Streben der Tankstellen nach Optimierung des Warenangebots ist deshalb wenig erstaunlich. In den letzten Jahren ist hier die Einführung des Verkaufs von Prepaid-Produkten (Telefonguthaben, Guthaben für Internetshop, Geschenkgutscheine...) als neue Produktgruppe hervorzuheben. Ebenso werden massive Anstrengungen unternommen, den Kunden im Bereich „Fast-Food"-Erzeugnisse, frische Backwaren und Kaffeespezialitäten kompetent gegenüber zu treten und eine qualitativ gute Auswahl anzubieten.

Abb. 2.1 ***Aral "Petit Bistro"*** **- Fast Food an der Tankstelle (Aral AG)**

Ein schönes Beispiel eines Fast-Food Bereiches wird in Abb. 2.1 gezeigt. So ist *Aral* mittlerweile die Nummer 4 der Fast-Food-Ketten hinter *McDonalds, Burger King* und *Nordsee* (Ruopp, 2010, S. 5).

Im Segment **der Autopflege** sind nicht die dramatischen Veränderungen der beiden anderen Segmente zu verzeichnen. Es trägt mit knapp 16% zum Rohertrag der durchschnittlichen Farbentankstelle bei. Potential für Verbesserung zeigt eine aktuelle Studie von *abh Mystery-Shopping* auf. Eine Kundenbefragung ergab hier, dass lediglich 37% der Kunden mit den an der Tankstelle üblichen Portal-Waschanlagen vollkommen zufrieden waren. Im Gegensatz dazu gaben 85% an, mit dem Ergebnis der Autowäsche in einer Waschstraße zufrieden zu sein (Koenigsbeck, 2010, S. 37).

Die Analyse der **Gesamtsituation** ergibt daher, dass die Ertragslage im Jahr 2010 - wie auch schon in den Jahren zuvor - als angespannt prognostiziert wird. Im Jahr 2008 lag das durchschnittliche Ergebnis einer Farbentankstelle bei 33.3 T€ bei einem Umsatz von 948,9 T€ (Quelle: BTG, Jahresbericht 2008, S.3, Berechnungen *des ifo instituts*). Hierbei muss jedoch betont werden, dass der Tankstellensektor sehr heterogen ist (s.o. Betreibermodelle), und sich die Darstellung auch ausschließlich auf Konzerntankstellen bezieht, sich also nicht uneingeschränkt auf freie/sonstige Tankstellen übertragen lässt.

2.4 Erfolgsfaktoren in der Tankstellenbranche

Der weiter oben angesprochene harte Wettbewerb und die angespannte Ertragslage zwingen die Betreiber zu einer permanenten Optimierung ihres Geschäfts und dessen relevanter Erfolgsfaktoren.

Im Auftrag des Interessenverbands Mittelständischer Mineralölverbände hat *die Prof. Dr. Schneck Rating GmbH* in ihrer *Branchenstudie Tankstellenmarkt* (2009) die fünf Erfolgsfaktoren Standort, Kooperation, Marketing, Zusatzgeschäft und kaufmännisches Know-How als wesentlich für den Betrieb von Tankstellen identifiziert.

Die Abb. 2.2 zeigt die beiden Dimensionen „Grad der Beeinflussung" und „Bedeutung für den Erfolg".

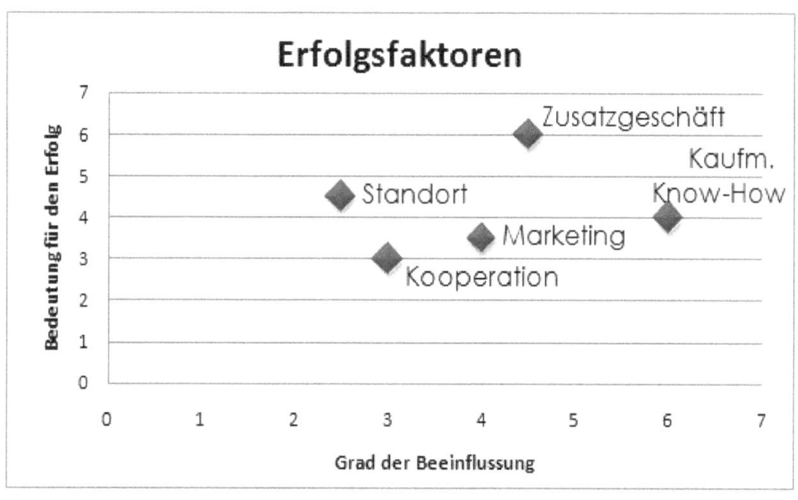

Abb. 2.2 Erfolgsfaktoren
(Prof. Dr. Schneck Rating GmbH, 2009, S. 66)

„Die Einstufung der Erfolgsfaktoren bezüglich der Bedeutung orientiert sich daran, in welchem Umfang der jeweilige Erfolgsfaktor geeignet ist, eine positive Veränderung der Ertrags- und Vermögenslage des Unternehmens

- *unmittelbar,*
- *kurzfristig und*
- *maßgeblich*

herbeizuführen, wobei ein höherer Wert eine entsprechend höhere Bedeutung für den betriebswirtschaftlichen Erfolg beschreibt.

Der Grad der Umsetzbarkeit bzw. Beeinflussbarkeit der Erfolgsfaktoren wurde vor allem durch den Aufwand an

- *Zeit,*
- *Finanzmitteln/Investitionen und*
- *Führungsstärke/-talent des Unternehmers*

definiert, der notwendig ist, um das Unternehmen erfolgsorientiert auszurichten.

Ein vergleichsweise geringer Aufwand führt zu einer einfachen Beeinflussbarkeit des Erfolgsfaktors und zu einem entsprechend hohen Punktwert in der Abbildung.

In jeder Bewertungsdimension konnten maximal 6 Punkte erreicht werden. Die Bewertung wurde in Abstimmung mit Branchenexperten vorgenommen." (Prof. Dr. Schneck Rating GmbH, 2009, S. 67)

Beschäftigt man sich mit den identifizierten Faktoren näher, so erklärt sich auch der Ansatz der vorliegenden Arbeit, bei der Kundenzufriedenheit anzusetzen. Dieser Ansatz, obwohl nicht explizit als Erfolgsfaktor genannt, ist geeignet, alle genannten Faktoren im Sinne eines höheren Ertrages zu beeinflussen. Beispielhaft können folgende Aktivitäten zu den einzelnen Punkten genannt werden:

Am **Standort** können die technische Ausstattung und der Zustand von Shop und Tankstellengelände auf die Bedürfnisse der Kunden zugeschnitten werden. Gemeinsame Anstrengungen von Betreiber, MöG und anderen Partnern in **Kooperation** zur Erhöhung der Kundenzufriedenheit sind wichtiger Bestandteil der weiter unten erläuterten Wirkungskette der Kundenzufriedenheit. Der Ansatz, die Kundenzufriedenheit zu beeinflussen, ist dem Bereich des **Marketing** zuzuordnen (Stichwort Relationship Marketing). Die Auswertung der Kundenzufriedenheitswerte führt zur Optimierung des

Sortiments und schafft damit Möglichkeiten für **Zusatzgeschäfte.** Durch entsprechende Qualifizierungsmaßnahmen kann das **kaufmännische Know-How** und somit die Sensibilität des Managements und die Sensibilisierung und Motivation des Personals für die Problematik der Kundenzufriedenheit erhöht werden.

Daneben ist die oben erwähnte *Branchenstudie Tankstellenmarkt* der *Prof. Dr. Schneck Rating GmbH* für weiterführende Informationen zu empfehlen, da sie für Deutschland einen umfassenden Überblick über die Branche liefert.

3 Grundlagen

Befasst man sich in Wissenschaft oder Praxis mit Kundenbindung, so geht es immer um eine langfristige profitable Beziehung zum Kunden, also das Gebiet des Kundenbeziehungsmanagements oder Customer Relationship Management. Untersucht wird, wie zufrieden der Kunde mit der angebotenen Leistung ist, also der Grad der Kundenzufriedenheit und inwiefern sich der Kunde an das Produkt, die Leistung und das Unternehmen gebunden fühlt, somit den Grad der Kundenbindung bzw. der Kundenloyalität. Dabei soll der Kunde möglichst auch noch zu anderen Produktklassen des Herstellers oder des Unternehmens greifen was mit dem Begriff des Cross-Selling umschrieben wird. Schließlich soll der Kunde dem Unternehmen auch über einen möglichst langen Zeitraum hinaus treu bleiben. In diesem Zusammenhang wird der Wert des Kunden über den gesamten Lebenszyklus der Beziehung in Form des Customer Lifetime Value quantifiziert.

In diesem Kapitel sollen die genannten zentralen Begriffe definiert und die Zusammenhänge erläutert werden. Das Kapitel beginnt dabei mit einer kurzen geschichtlichen Einordnung der Kundenbindung in das Marketing.

3.1 Entwicklung des Themas Kundenbindung

Einen kurzen Überblick über die Entwicklung der Kundenbindung in der Wissenschaft gibt der folgende Abschnitt, der sich an eine Darstellung von *Bruhn & Homburg* (2010, S.7f) anlehnt.

Mit Kundenbindung im Sinne von Wiederkaufverhalten beschäftigt sich die Wissenschaft seit den 1920er Jahren. Damals setzte sich erstmalig *Copeland* (1923) mit Fragen des Wiederkaufs von Marken, also der Markentreue, auseinander. Im Laufe des 20. Jahrhunderts wechselte dann der Fokus von der Marke immer mehr hin zur Kundenbeziehung. Nach behavioristischen und verhaltenswissenschaftlichen Modellen beschäftigten sich *Jacoby und Kyner* (1973) erstmals mit der Perspektive der Kundenloyalität. Bis dahin ist die Betrachtungsweise aber immer eine Analyse der Nachfragersicht. Seit den 90er Jahren des letzten Jahrhunderts wird das Thema zunehmend auch aus der Sicht der Unternehmen gesehen, welches durch ein Kundenbindungsmanagement aktiv die Bindung an den Kunden beeinflussen will (Reichheld & Sasser, 1990). Diese Entwicklung wird in Abb. 3.1 dargestellt:

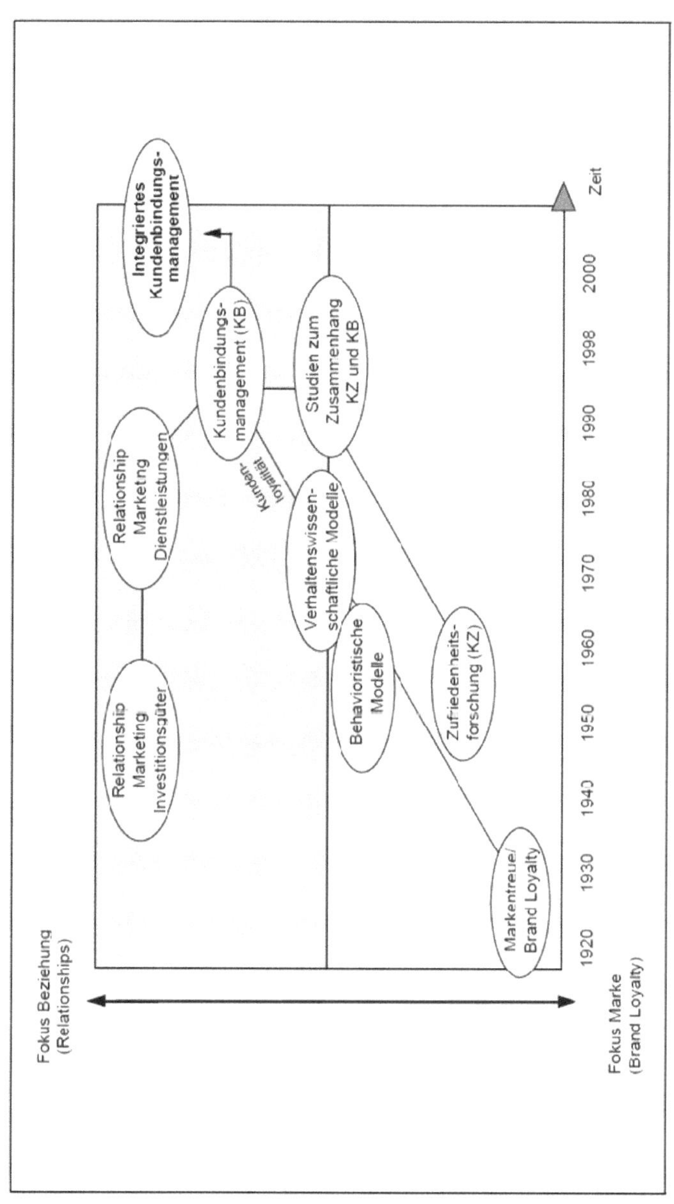

Abb. 3.1 Forschungsbezogene Entwicklungslinien des Kundenbindungsmanagements (Bruhn & Homburg, 2010, S. 6)

Letztendlich wird der Kunde beim Ansatz des Relationship Marketings nun über seinen gesamten Kundenlebenszyklus hinweg betrachtet, während davor ein transaktionsorientiertes Marketing - mit dem Marketing-Mix im Zentrum der Betrachtung - vorherrschte. Insofern kann auch von einer Erweiterung der Marketingperspektive gesprochen werden (Esch & Möll, 2006, S. 228).

Auch in der Praxis gewinnt das Thema Kundenbindung immer mehr an Bedeutung. Als Beispiel (und auch für den in dieser Arbeit betrachteten Fall relevant) sei die Kundenkarte als Kundenbindungsinstrument genannt. Kundenbindungskarten eignen sich deshalb besonders gut als Mittel zur Kundenbindung, weil sie einerseits aus Kundensicht einen Vorteil in Form von Rabatten gewähren, andererseits erlauben sie dem Unternehmen das Kaufverhalten und die Vorlieben seiner Kunden zu analysieren und entsprechend zu reagieren. Kundenkarten wie *Payback*, *Happy Digits* oder *Miles & More* erfreuen sich aus diesem Grund immer größerer Beliebtheit.

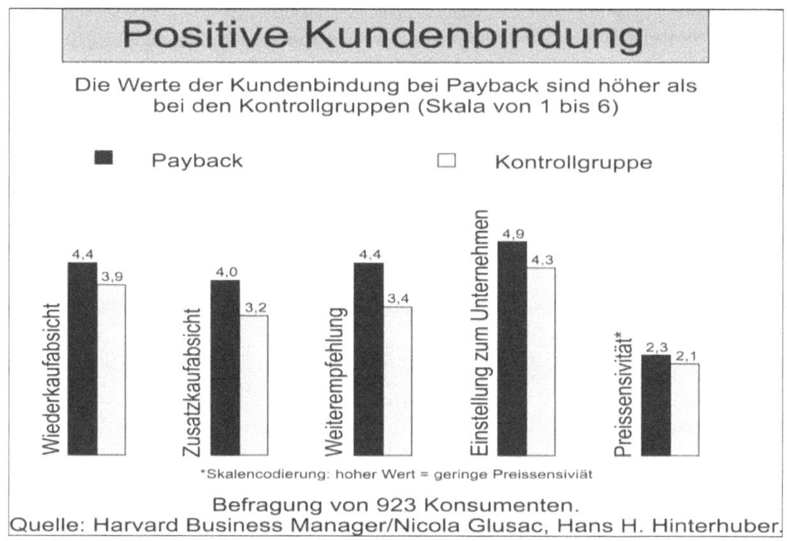

Abb. 3.2 Positive Kundenbindung durch Kundenkarten (Graßmann, 2010, S. 815)

Die *Payback* Kundenkarte wird bereits von 59,5% aller privaten deutschen Haushalte genutzt (*Happy Digits* 42,8%, *Miles & More* 9,5%) und immerhin 54,3% dieser Kunden nutzen nach eigenen Angaben diese Karte immer (*Happy Digits* 31,7%, *Miles & More* 32,6) (Graßmann, 2010, S. 809). Auch für die Unternehmen sind positive Effekte der Kundenkarte messbar, wie die Abb. 3.2 verdeutlicht.

3.2 Definitionen und Abgrenzung der Begriffe

Es geht um das Management der Beziehung zu Kunden. Aber mit welchem Bereich genau in den vielfältigen Beziehungen eines Unternehmens zu Kunden, Lieferanten und Umwelt beschäftigt sich diese Arbeit? Eine anschauliche Antwort gibt die folgende Abb.3.3 von *Hippner* (2006, S. 20).

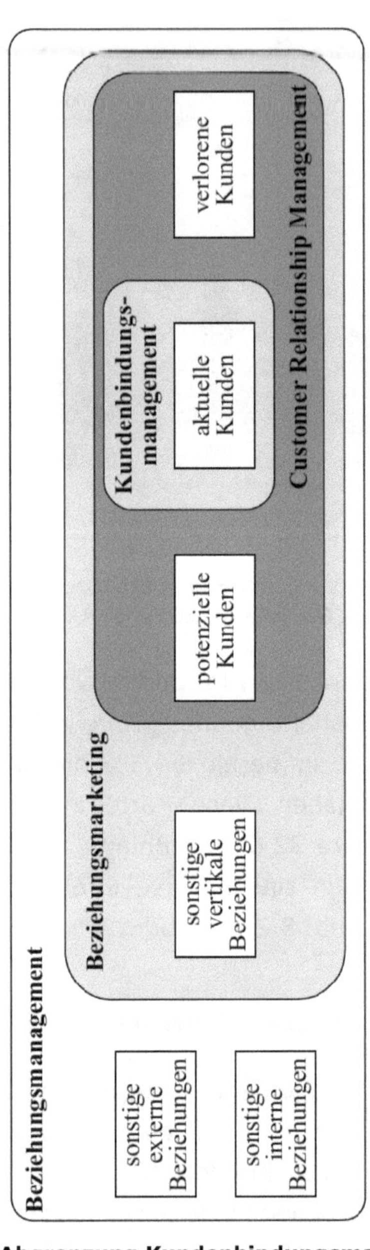

Abb. 3.3 Abgrenzung Kundenbindungsmanagement (Hippner, 2006, S. 20)

Analysiert und beeinflusst wird also die Beziehung zu aktuellen Kunden. Unberücksichtigt bleiben potenzielle und verlorene Kunden. Ebenso werden alle anderen internen wie auch externen Beziehungen des Unternehmens nicht betrachtet.

Kundennähe kann nach *Albers & Krafft* definiert werden als die Strategie eines Unternehmens, sich vollständig auf die Erfüllung von Kundenwünschen auszurichten (Albers & Krafft, 2001, S. 867 ff.).

Zur **Konzeptionalisierung** hat *Homburg* (1998, S. 90 ff.) das Konstrukt der Kundennähe zwei Dimensionen, sowie sieben untergeordnete Faktoren herausgearbeitet, wie in der folgenden Abb. 3.4 zu sehen ist:

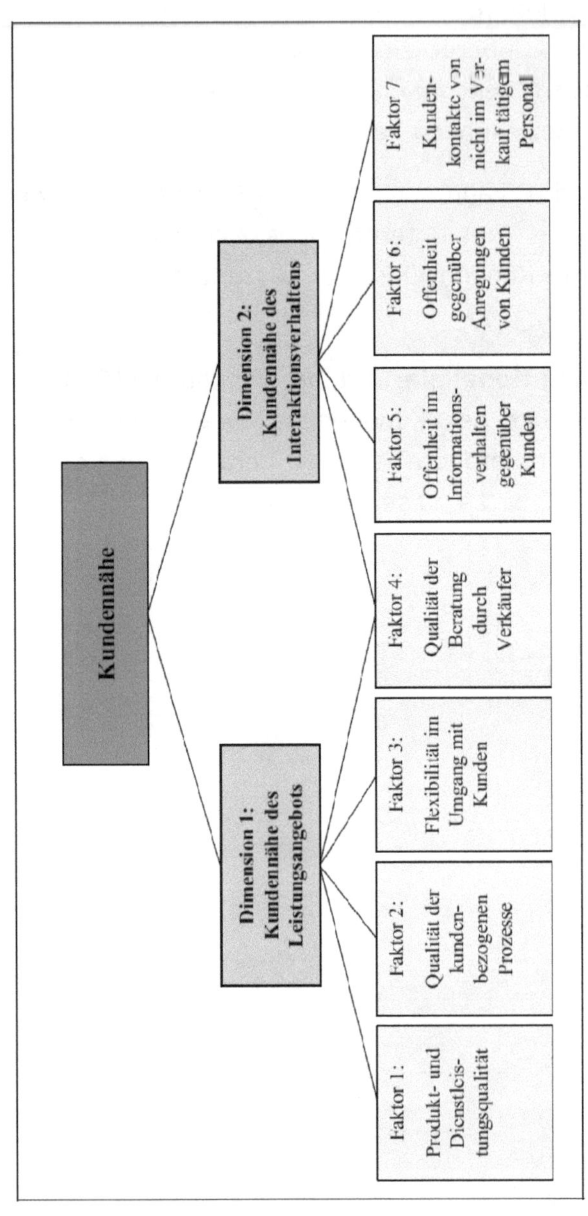

Abb. 3.4 Konzeptionalisierung der Kundennähe (Homburg, 1998, S. 120)

Was sind nun die **Determinanten der Kundennähe**? Untersuchungen zum Konstrukt der Kundennähe zeigen negative Zusammenhänge von Spezialisierung bzw. Formalisierung und Kundennähe, im Gegensatz dazu aber positiven Einfluss bei Dezentralisierung und Entscheidungsdelegation. Ebenso kann ein negativer Zusammenhang zwischen Unternehmensgröße, hierarchischer Unternehmenskultur und Kundennähe nachgewiesen werden (Krafft & Götz, 2006, S. 332).

Das Konstrukt der Kundennähe hat insofern **Konsequenzen** für den untersuchten Fall, als dass Größe, Struktur und Kultur des untersuchten Unternehmens eine große Kundennähe ermöglichen. Dabei muss allerdings beachtet werden, ob und in wie fern eine Verbesserung der Kundennähe noch zu einem Zuwachs an Gewinn führt. Simon postuliert in diesem Zusammenhang steigende Grenzkosten bei sinkendem Grenznutzen (Simon, 1991, S. 272). Dieser kann auch empirisch beobachtet werden und zeigt dabei einen S-förmigen Funktionszusammenhang (Krafft & Götz, 2006, S. 333).

Kundenzufriedenheit entsteht aus einem Soll-Ist Vergleich des Kunden bezüglich des Gebrauchs eines Produkts bzw. der Inanspruchnahme einer Dienstleistung. Der Kunde hat eine Vorstellung davon, was er erhält (Soll-Leistung) und vergleicht diese mit der erhaltenen Leistung (Ist-Leistung). Erhält er genau die Soll-Leistung oder eine Leistung, die seine Erwartungen übererfüllt, so stellt sich Zufriedenheit ein. Kundenzufriedenheit kann also als das Resultat eines komplexen psychischen Vergleichsprozesses verstanden werden (Fürst & Homburg, 2010, S. 602).

Das am häufigsten anzutreffende Erklärungsmodell zur **Modellierung** der Kundenzufriedenheit ist das Confirmation/Disconfirmation Paradigma von *Churchill & Suprenant* (1982), welches in Abb. 3.5 dargestellt wird. Dabei führt der Vergleich des wahrgenommenen Leistungsniveaus (Perceived performance P) mit der erwarteten Leistung (Expected performance E) zu Unzufriedenheit, falls P kleiner E und zu Zufriedenheit falls P größer gleich E.

Abb. 3.5 Customer Satisfaction/Dissatisfaction (Schindelholzer, 2008)

Bei den **Determinanten der Kundenzufriedenheit**[1] finden sich in der wissenschaftlichen Literatur diverse Ansätze. Legt man das C/D-Paradigma zu Grunde, so ist klar, dass die Determinanten aus dem beschriebenen Vergleichsprozess resultieren müssen. So sind z.B. von *Rapp* (1995) die fünf Faktoren Technische Produktqualität, Servicequalität, Reputationsqualität, Persönliche Beziehungsqualität und Preiswahrneh-

[1] Ausführungen in Anlehnung an Krafft & Götz, 2006, S. 336 ff.

mung identifiziert worden. Dabei wurde aber keine Prüfung auf weitere beeinflussende Varianten vorgenommen.

Krüger (1997) leitet dagegen die Determinanten Produktqualität, After-Sales-Support und Kunden-Mitarbeiter-Interaktion als Determinanten her. Aus prozessualer Sicht unterteilt sie die Zufriedenheitsbildung in eine Vorkauf-, Kauf- und Nachkaufphase.

Als **Konsequenzen** der Kundenzufriedenheit sind nach *Götz/Krafft* (2006, S.333 f.) zu erwarten:

- ein positiver Zusammenhang zwischen Zufriedenheit und Preisbereitschaft. Empirisch wurde dieser Zusammenhang nachgewiesen von *Adam et al.* (Adam, Hermann, Huber, & Wricke, 2002) und *Homburg et al.* (Homburg, Koschate, & Hoyer, Do Satisfied Customers Really Pay More? A Study of the Relationship between Customer Satisfaction and Willingness to Pay, 2005), wobei letztgenannte einen S-förmigen Verlauf der Funktion nachwiesen.
- Kundenloyalität und positive Mund-zu-Mund Propaganda im Falle von Kundenzufriedenheit.
- Beschwerden, Abwanderung, negative Mund-zu-Mund Propaganda oder gar keine Reaktion im Falle der Unzufriedenheit.
- Eine langfristige Kundenorientierung führt eher zu einer Kostensenkung als eine kurzfristige Transaktionsorientierung. Eine lange Kundenbeziehung verursacht weniger Kosten als die Akquisition neuer Kunden.

- Je mehr ein Kunde mit einem Produkt bzw. einer Dienstleistung vertraut ist und je zufriedener er mit den damit verbundenen Zusatzleistungen ist, desto häufiger wird er dieses Produkt oder diese Leistung nutzen. Es kommt zu Folgekäufen und zur Ausschöpfung von Cross- und Up-Selling-Potenzialen.

Bei **Kundenbindung** handelt es sich um ein komplexes Konstrukt und die verschiedenen gängigen Definitionen fokussieren oft nur auf einen bestimmten Teilaspekt. Um hier eine umfassende Sicht auf das Konstrukt zu erhalten werden hier verschiedene Definitionen vorgestellt.

Meffert (2003) gibt zwei Sichtweisen von Kundenbindung an, die kaufverhalten- und managementbezogen sind. Die kaufverhaltensbezogene Perspektive sieht die Kundenbindung als die Bereitschaft des Kunden zu Folgekäufen an. Hierbei ist Kundenbindung der „Grad, zu dem private oder institutionelle Nachfrager aufgrund faktischer oder emotionaler Bindungen beim Wiederkauf eine identische Entscheidung bei der Wahl einer Leistung, einer Marke, eines Anbieters oder einer Geschäftsstätte treffen.“ Dagegen fasst die managementbezogene Sichtweise die Kundenbindung als Aktivität auf. „Kundenbindung umfasst alle Aktivitäten, die auf die Herstellung oder Intensivierung faktischer oder emotionaler Bindungen aktueller Kunden gerichtet ist.“ Hierbei sind faktische Beziehungen als solche vertraglicher, technisch-funktionaler oder ökonomischer Natur zu verstehen. Die Zufriedenheit der Kunden mit den Leistungen ist ein zentrales Element der emotionalen Bindung.

Die Definition von Homburg/Bruhn (2003) ist dagegen verhaltensorientiert. Sie betrachtet Kundenbindung als Maßnahme eines Unternehmens, die dazu dient, die bisherigen Verhaltensweisen und die zukünftigen Verhaltensabsichten eines Kunden gegenüber einem Anbieter oder dessen Leistung positiv zu gestalten. Das Ziel ist, die Beziehung zu diesem Kunden zu stabilisieren. Aufbauend auf diese Definition stellt sich das Kundenbindungsmanagement als „die systematische Analyse, Planung, Durchführung sowie Kontrolle sämtlicher auf den aktuellen Kundenstamm gerichteten Maßnahmen dar, mit dem Ziel, dass diese Kunden auch in Zukunft die Geschäftsbeziehungen aufrechterhalten oder intensiver pflegen."

Schließlich setzt Stauss (2003) die Transaktionsmerkmale der Geschäftsbeziehung in den Mittelpunkt seiner Definition von Kundenbindung. Er argumentiert so, dass Kundenbindung nur dann vorliegt, wenn innerhalb eines bestimmten Zeitraumes wiederholte Transaktionen zwischen zwei Geschäftspartnern stattgefunden haben oder geplant sind. Gaulik et al. (2002, S. 25) gehen auch auf die Transaktionsmerkmale der Geschäftsbeziehung bei ihrer Definition von Kundenbindung ein. Für sie bezieht sich die Kundenbindung auf den Aufbau und die Aufrechterhaltung einer Geschäftsbeziehung als einer Folge von Transaktionen zwischen Anbieter und Kunde. Im Vordergrund steht nicht die einzelne Transaktion, sondern der langfristige Verlauf der Geschäftsbeziehung.

Aus Kundensicht meint Kundenbindung *„eine positive Einstellung und Verhaltensabsicht in Form von Folgetransaktionen gegenüber den Produkten bzw. Dienstleistungen des Unternehmen"* (Galinanes & Rennhak, 2006, S. 4). Diese Definition von *Galinanes/Rennhak* macht deutlich, dass Kundenbindung über Kundenzufriedenheit hinausgeht. Es sind zwei Bedingungen zu erfüllen. Die erste ist eine positive Einstellung des Kunden. Diese resultiert gewöhnlich aus positiven Erfahrungen früherer Einkäufe (siehe Definition der Kundenzufriedenheit) und zusätzlich als zweite Bedingung ist die Absicht, Folgetransaktionen zu tätigen, notwendig. Dabei handelt es sich jedoch nicht um einen Automatismus, bei dem aus Kundenzufriedenheit zwangsläufig Kundenbindung resultiert, vielmehr ist Kundenzufriedenheit eine notwendige nicht jedoch eine hinreichende Bedingung für Kundenbindung.

Eine weitere Definition von Kundenbinding, die etwas mehr auf die zeitlichen Zusammenhänge fokussiert, als die von *Galinanes/Rennhak* ist die folgende: *„Die aktuelle Kundenbindung umfasst einerseits das bisherige Kauf- und Weiterempfehlungsverhalten und andererseits die zukünftigen Wiederkauf-, Zusatzkauf- (Cross-Selling) und Weiterempfehlungs-Absichten (Goodwill) eines Kunden gegenüber einem Anbieter oder dessen Leistungen*" (Meyer & Oevermann, 1995, S. 1341). Es wird verdeutlicht, dass das Konstrukt Kundenbindung aus den Dimensionen „bisheriges Verhalten" und „Verhaltensabsichten" besteht. Die Dimension „bisheriges Verhalten" besteht dabei aus den Faktoren „Wiederkaufverhalten" und „Weiterempfehlungsverhalten". Die „Verhaltensabsichten" aus den Faktoren „Wiederkaufabsicht", „Zusatzkaufabsicht" und „Weiterempfehlungsabsicht". Abb. 3.6 verdeutlicht die Zusammenhänge.

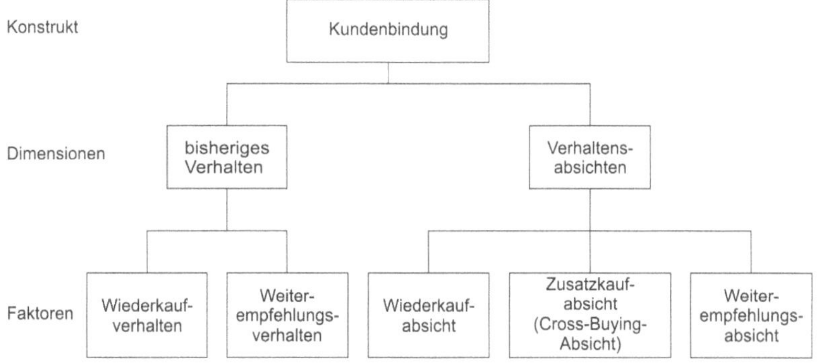

Abb. 3.6 Konzeptualisierung des Konstruktes „Kundenbindung" (Fürst & Homburg, 2010)

Um Kundenbindung von Kundenloyalität abzugrenzen folgt hier noch eine dritte Definition: *„Kundenbindung umfasst sämtliche Maßnahmen eines Unternehmens, die darauf abzielen, sowohl die Verhaltensabsichten als auch das tatsächliche Verhalten eines Kunden gegenüber einem Anbieter oder dessen Leistungen positiv zu gestalten, um die Beziehung zu diesem Kunden für die Zukunft zu stabilisieren bzw. auszuweiten"* (Bruhn & Homburg, 2010, S. 8).

Diese Definition unterscheidet eine nachfrage- und eine anbieterbezogene Sicht der Kundenbindung. Die nachfragebezogene Sicht der Kundenbindung, die auch als Kundenloyalität bezeichnet werden kann und etwas über die Wechselbereitschaft des Kunden aussagt, auf der einen Seite, und die anbieterbezogene Sicht auf der anderen Seite. Die anbieterbezogene Sicht, also das Kundenbindungsmanagement umfasst alle Aktivitäten des Unternehmens, die Planung, Durchführung und Kontrolle aller Maßnahmen, die der Pflege des aktuellen Kundenstamms in Hinblick auf eine Aufrechterhaltung bzw. einer Intensivierung der Geschäftsbeziehung dienen.

An dieser Stelle sollte auch noch die Wechselneigung von Kunden - also das Konstrukt des Variety Seeking - erwähnt werden, da sie eine die Kundenbindung beeinträchtigende Größe ist.

Neugier und der Wunsch nach Abwechslung veranlassen den Kunden beim Variety Seeking trotz Zufriedenheit mit dem Produkt / der Marke, den Anbieter zu wechseln, etwas Neues aus zu probieren. Diesem Problem gehen Markenhersteller oft aus dem Weg, indem sie die Wechselbarrieren erhöhen und dem Produkt Neuigkeitswerte mitgeben. Neuigkeitswerte sind Produktvariationen, Produktverbesserungen, Produktaktualisierungen oder ein Produktrelaunch (Witherton Jones Publishing Ltd., 2009).

3.3 Wichtige Wirkungsketten

Anhand der obigen Definitionen können nun die möglichen (nicht jedoch zwingenden) Reaktionen der Kunden abgeleitet werden. Ausgangspunkt des in Abb. 3.7 dargestellten Zusammenhangs ist eine erste Produktnutzung eines aktuellen Kunden. Aus der 1.Produktnutzung resultiert entweder Zufriedenheit oder Unzufriedenheit. Zufriedenheit löst idealerweise Wiederkauf, Cross-Buying und Mund zu Mund Propaganda aus. Unzufriedenheit führt im ungünstigen Fall zu negativer Mund zu Mund Propaganda, im günstigen Fall zu einer Beschwerde. Im Fall einer Beschwerde besteht die Chance, die Unzufriedenheit in Zufriedenheit umzuwandeln, was die oben erläuterten Chancen wieder eröffnet - im ungünstigen Fall führt die Beschwerde zur Abwanderung. Die Mund zu

Mund Propaganda führt im günstigen Fall zu einer ersten Produktnutzung durch einen neuen Kunden. Dadurch entsteht die **Wirkungskette der Kundenzufriedenheit**:

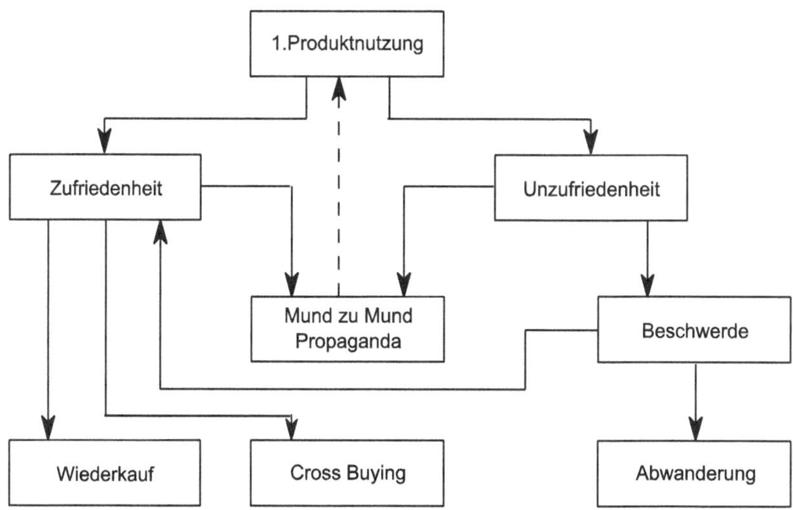

Abb. 3.7 Wirkungskette Zufriedenheit/Unzufriedenheit (in Anlehnung an Becker, Hentschel, & Homburg, 2010, S. 117)

Wurden im vorherigen Abschnitt die Wirkungszusammenhänge der Kundenzufriedenheit abgebildet, soll die Wirkungskette nun um die unternehmensbezogene Sicht erweitert werden, so dass ein vollständiges Bild der Zusammenhänge entsteht. In der Mitte der Abb. 3.8 sind die 5 Phasen ersichtlich, die es seitens des Unternehmens positiv zu beeinflussen gilt: Vom Erstkontakt über Kundenzufriedenheit, Kundenloyalität, Kundenbindung hin zum ökonomischen Erfolg. Darunter die unternehmensinternen moderierenden Faktoren, also die Faktoren, die das Unternehmen aktiv gestalten kann, um den Erfolg zu steigern. Hier finden sich auch die oben diskutierten Faktoren der Kundennähe wieder. Darüber die unternehmensexternen moderierenden Faktoren, die außerhalb des Einflussbereichs des Unternehmens auf das Verhalten des Kunden einwirken:

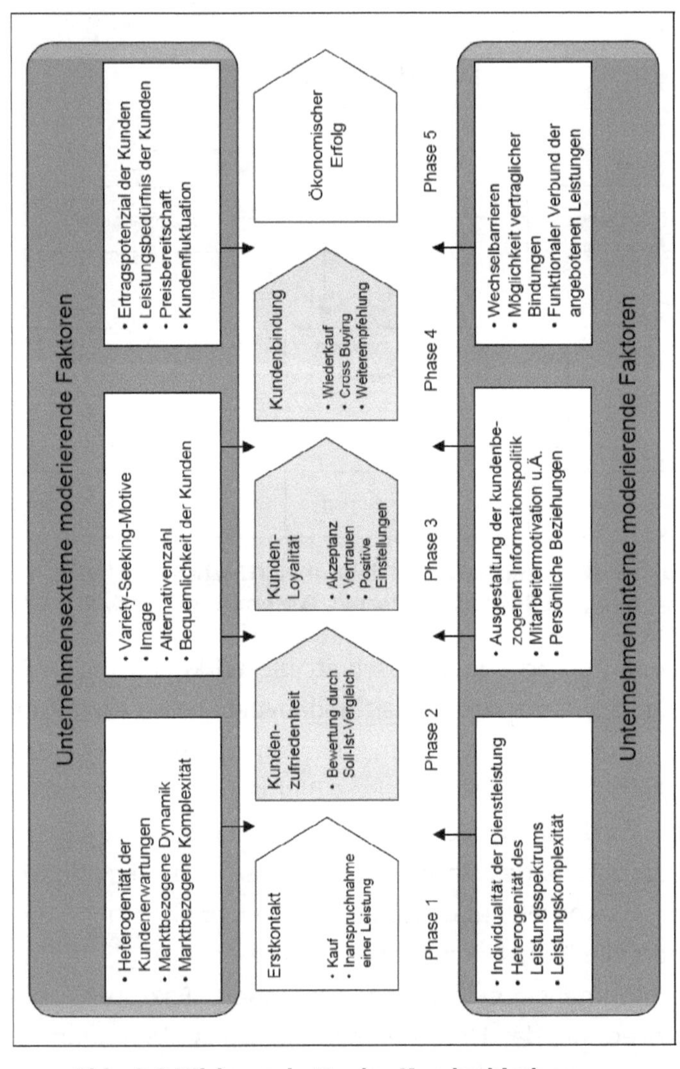

Abb. 3.8 Wirkungskette der Kundenbindung (Quelle: in Anlehnung an Bruhn 1998, S. 7)

3.4 Typologisierung von Bindungsursachen

In den beschriebenen Wirkungsketten beruht die Kundenbindung wesentlich auf Kundenzufriedenheit als Konstrukt. Die Gründe und Ursachen der Zufriedenheit und somit der Bindung sind jedoch vielfältig und können nach verschiedenen Kriterien typologisiert werden. Eine Möglichkeit der Typisierung ist die Unterteilung in die fünf Aspekte

- situative,
- vertragliche,
- ökonomische,
- technisch funktionale und
- psychologische Bindung (Meyer & Oevermann, 1995, S. 1341).

Weitere Möglichkeiten sind die Unterscheidung zwischen

- habitueller,
- freiwilliger und
- unfreiwilliger Bindung (Bruhn & Homburg, 2010, S. 11)

sowie die Unterscheidung zwischen

- faktischen und
- emotionalen Ursachen (Meffert & Backhaus, 1994).

Die verschiedenen Systeme beleuchten dabei das Problem jeweils aus einer anderen Sicht. Die einzelnen Punkte können dabei auch einer anderen Systematik zugeordnet werden. So ist die situative Bindung beispielsweise auch der freiwilligen

Bindung zuzuordnen. Im Sinne eines effektiven Kundenbindungsmanagements ist es das Ziel dieser Arbeit, diejenigen Aspekte der Kundenzufriedenheit herauszufiltern, die geeignet sind, die freiwillige Bindung zu erhöhen.

3.5 Theoretische Perspektiven der Kundenbindung

Um die Determinanten der Kundenbindung zu erklären, ist es notwendig das Phänomen Kundenbindung interdisziplinär zu beleuchten - eine rein ökonomische Sichtweise ist hierzu nicht ausreichend.

Aus **sozialpsychologischer Perspektive** ist die auf *Thibaut/Kelly* (1959) zurückgehende *„soziale Austauschtheorie"* als erster Erklärungsansatz für Kundenbindung zu nennen. Kunden unterscheiden nach dieser Theorie zwischen verschiedenen Niveaus bezüglich des Nettoergebnisses einer Transaktion - ein bestimmtes Vergleichsniveau CL (Comparsion Level) und ein alternatives Vergleichsniveau CL_{alt} (Comparsion Level Given Alternatives). Zufriedenheit entsteht, sofern das Nettoergebnis über CL liegt. Entscheidend für eine weitere Bindung ist jedoch, dass das Nettoergebnis auch über CL_{alt} liegt. Die Theorie gibt also neben der Erklärung von Kundenzufriedenheit auch wesentliche Hinweise auf Ursachen von Kundenbindung. Eine Weiterentwicklung dieser Theorie ist die soziale Beziehungstheorie (Rusbult, 1980), die von einer größeren Zahl von Interaktionen ausgeht. Weitere Einflussgrößen wie soziale, emotionale und legale Wechselkosten entscheiden über den Fortbestand der Geschäftsbeziehung.

Die **interaktionsorientierte Perspektive** beruht auf der der Betrachtung einer Kunden-Lieferantenbeziehung und hier wiederum auf den sozialpsychologischen Konstrukten Vertrauen, Zufriedenheit und Commitment. Ein Beispiel aus der Vielzahl von Interaktionsmodellen ist das Partialmodell von *Dwyer, Schurr, & Oh* (1987). Kern des Modells ist die Unterteilung einer Geschäftsbeziehung in fünf Phasen von der Wahrnehmung über Exploration und Expansion bis zur höchsten Stufe, dem Commitment. Am Ende der Beziehung steht schließlich deren Auflösung, allerdings nicht notwendiger Weise erst nach der Phase des Commitments.

In der **verhaltenswissenschaftlichen Perspektive** sind die Lerntheorie, die Risikotheorie, die Dissonanztheorie und die Attributionstheorie als Erklärung von Kundenbindung zu nennen, welche sich ebenfalls wieder in verschiedenste Theorien unterteilen lassen. Die folgende Kurzbeschreibung der vier genannten Theorien ist dem Beitrag *„Der Zusammenhang zwischen Kundenzufriedenheit und Kundenbindung"* (Becker, Hentschel, & Homburg, 2010) entnommen.

- **Die Lerntheorie** geht davon aus, dass ein Kunde eine Beziehung eher beibehält, wenn er in der Vergangenheit einen Nutzen für sich wahrgenommen hat. Hierunter fällt z.B. die Theorie des *Lernens durch das Verstärkungsprinzip*, die besagt, dass in der Vergangenheit nutzenbringende Verhaltensweisen beibehalten werden, während keinen oder wenig Nutzen bringende zu Änderungen führen (Wilkie, 1994; Hanna, Wozniak, & Hanna, 2001)
- **Die Risikotheorie** beruht auf der Annahme, dass der Kunde das von ihm wahrgenommene Risiko

(z.B. negative Konsequenzen, mögliche Fehlentscheidungen) gering halten will und somit in der Tendenz eher auf ihm vertraute Anbieter setzt (Bauer, 1960). Die Kundenbindung betrifft diese Theorie vor allem, weil der Kunde das Risiko der Unzufriedenheit bei der Wahl eines Anbieters so gering wie möglich halten will (Hentschel, 1991).

- **Die Dissonanztheorie** (Festinger, 1957) setzt darauf, dass Individuen bestrebt sind, Dissonanzen abzubauen und nach einem Gleichgewicht zu streben. Das Bestreben schließt auch Umbewertung und Verdrängung entsprechend ungünstiger Informationen ein. Kunden blenden dieser Theorie folgend kognitive Dissonanzen in ihrer Geschäftsbeziehung bis zu einem gewissen Grad aus und entscheiden sich so wieder für den gleichen Anbieter (Kroeber-Riel & Weinberg, 2009).
- **Die Attributionstheorie** (Langer, Eisend, & Kuß, 2008) erklärt das Kundenverhalten mit deren subjektiv interpretierten Informationen. Die Ursache für ein bestimmtes Kaufverhalten wird vom Kunden also mit der erlebten Situation (Umweltfaktoren) oder beteiligten Personen wie Mitarbeiter oder andere Kunden (Personenfaktoren) begründet. Umgekehrt kann das Unternehmen durch Veränderung der Faktoren Einfluss auf den Kunden und somit die Geschäftsbeziehung nehmen.

Ausgangspunkt der **transaktionsorientierten Perspektive**, die auf Arbeiten von *Coase* (1937) und Weiterentwicklungen von *Williamson* (1975, 1979) zurückgeht, sind die in jeder

Geschäftsbeziehung entstehenden Transaktionskosten. Sie entstehen für Anbahnung, Abwicklung, Kontrolle und Auflösung von Geschäftsbeziehungen sowie aus den Opportunitätskosten. Es ist einleuchtend, dass der Wechsel zu einem anderen Geschäftspartner umso unwahrscheinlicher wird, je höher die Transaktionskosten sind, womit die transaktionsorientierte Perspektive einen weiteren Ansatz zur Erklärung von Kundenbindung liefert.

Zur weitergehenden Beschäftigung mit diesem Thema sei auf Bruhn & Homburg, (2010, S. 12-17) mit seinen zahlreichen Verweisen zu weiterführender Literatur hingewiesen.

4 Die Feldstudie

Die Feldstudie lehnt sich sowohl in Konzept als auch Analyse an *Homburg/Fürst* (2010) sowie *Homburg/Koschate* (2007, S. 851-857) an. Durchgeführt wurde die Feldstudie vom 8. bis 14. Juni 2010.

4.1 Die untersuchte Tankstelle

Bei der untersuchten Tankstelle handelt es sich um eine *Aral* Markentankstelle und wird von der *M. Paries GmbH* betrieben. Sie befindet sich an Landstraße L127 in der Gemeinde Quierschied (15.000 Einwohner) im Saarland gelegen, und ist 10 km von der Landeshauptstadt Saarbrücken entfernt (siehe Abb. 4.1).

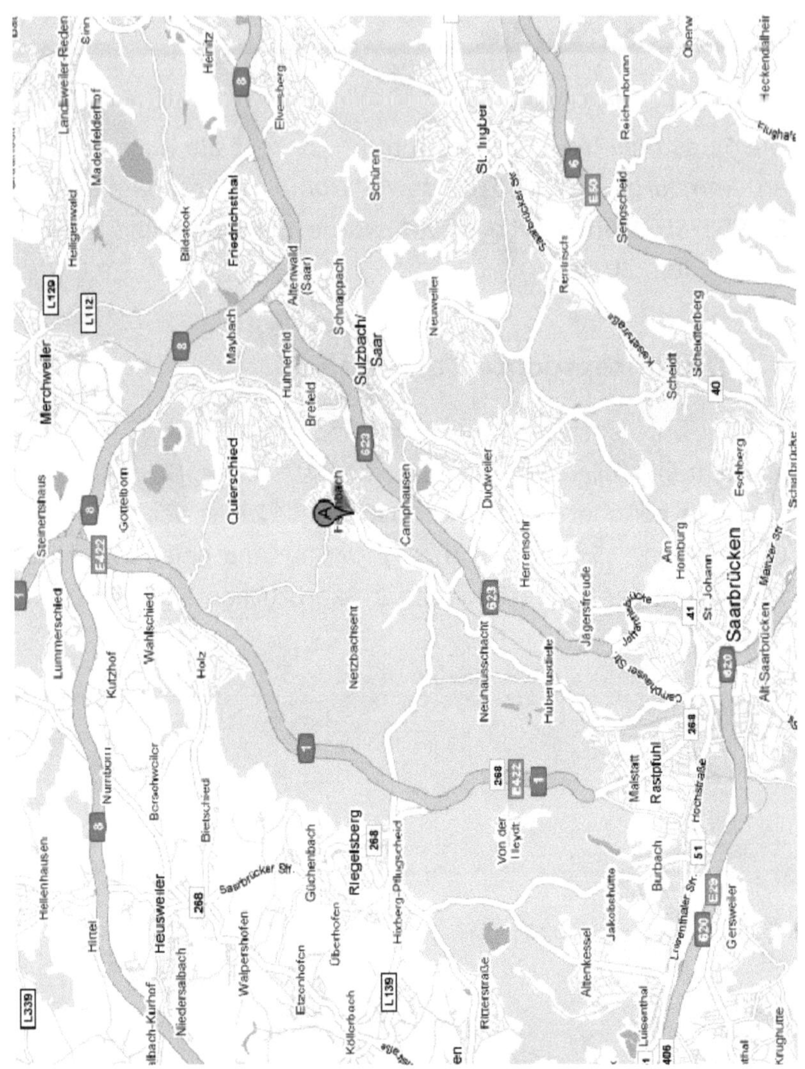

Abb. 4.1 Lage der untersuchten Tankstelle (Quelle: googlemaps.com)

Die Tankstelle wird nach dem DoDo-Modell betrieben, d.h. die GmbH ist Eigentümer des Tankstellengebäudes, betreibt das Shopgeschäft sowie die Waschanlage unter eigenem Namen und verkauft Kraftstoffe in Namen und auf Rechnung der *Aral* AG. Die wichtigsten Eckdaten der Tankstell werden nachfolgend in der Abb. 4.2 zusammengefasst:

Marke	*Aral*
Betreiber	*M. Paries GmbH*
Adresse	Talstraße 37, 66287 Quierschied
Vertriebskanal	DoDo
Shopgröße	82 m²
Nielsen-Gebiet	3a
Kartenakzeptanz	Alle gängigen Kreditkarten sowie UTA-, GdB-, Routex-Flottenkarten
Öffnungsdaten	Mo-Fr: 05.00-22.00 Sa, So: 07.00-22.00
Öffnungsstunden/Woche	115
Ersteröffnung	01.05.1954

Abb. 4.2 Daten der untersuchten Tankstelle

4.2 Ansatz zur Messung

Nachdem in Kapitel 3 die Konstrukte „Kundenzufriedenheit" und „Kundenbindung" erläutert wurden, geht es nun darum, einen geeigneten Ansatz zur Messung der Konstrukte zu finden. Im Folgenden werden verschieden Verfahren vor- und gegenübergestellt und das jeweils in Anwendung gebrachte Verfahren herausgestellt.

Ein **objektives Verfahren** (im Vergleich zum **subjektiven Verfahren**) käme in der Dimension „bisheriges Verhalten" des Konstrukts Kundenbindung in Frage. Voraussetzung wäre das Vorhandensein kundenbezogener Daten, die eine Analyse der Kundenhistorie ermöglichen würden. Dies ist im untersuchten Fall der Tankstelle *M. Paries GmbH* nur sehr eingeschränkt gegeben. Allgemein kann man von solchen Daten in Branchen mit Low-Involvement-Produkten auch nicht ausgehen. Die oben erwähnten Kundenkarten, die bereits von *Shell* und *Aral* eingesetzt werden, machen objektive Verfahren in Zukunft jedoch möglich. Die Daten werden, zumindest im untersuchten Fall, dem einzelnen Tankstellenbetreiber bisher nicht zu Verfügung gestellt. Es bietet sich deshalb an, in einer Kundenbefragung die Verhaltensabsichten zu messen, Größen also, die durch subjektive Wahrnehmung verzerrt sein können: Es handelt sich daher bei der vorliegenden Befragung um ein **subjektives Verfahren**.

Bei subjektiven Verfahren kann zwischen **ereignisbezogenen Verfahren** und **merkmalsbezogenen Verfahren** unterschieden werden. Ereignisbezogene Verfahren analysieren ein bestimmtes Ereignis, z.B. ein bestimmtes Telefonat des Kunden mit dem Unternehmen, oder die Inanspruchnahme einer bestimmten Dienstleistung. Dieser „Spot-Ansatz" erscheint jedoch zur Ermittlung von genereller Kundenzufriedenheit bzw. Kundenbindung ungeeignet. Im Gegensatz hierzu beziehen sich merkmalsbezogene Verfahren auf eine große Bandbreite von Merkmalen. Kunden bilden sich über größere Zeiträume hinweg eine Meinung über diese Merkmale. Diese Meinung wird dann in der Befragung festgehalten. Im vorliegenden Fall wird deshalb ein **merkmalsbezogenes Verfahren** eingesetzt.

Die Direktheit der Messung unterteilt merkmalsbezogene Verfahren in **implizite und explizite Verfahren**. Beim impliziten Verfahren im Zusammenhang mit Kundenzufriedenheit werden durch die Analyse von Kundenbeschwerden wahrgenommene Defizite analysiert, was aber die Beschwerde durch einen Großteil der unzufriedenen Kunden und die Dokumentation aller Beschwerden voraussetzt. Davon kann jedoch nicht ausgegangen werden. Besser geeignet und im vorliegenden Fall angewandt wird das **explizite Verfahren**. Bei diesem Verfahren werden die Probanden direkt bezüglich ihrer Zufriedenheit mit und Bindung zum Unternehmen befragt.

Wie in der Praxis der Kundenzufriedenheitsmessung üblich wurde die Befragung als **multiattributive Befragung** ausgeführt. Dabei wird im Unterschied zum **eindimensionalen Verfahren** eine Vielzahl von Einzelaspekten abgefragt, die Kundenzufriedenheit bzw. Kundenbindung ausmachen. Eine eindimensionale Befragung würde sich dagegen z.B. auf das Erfassen der Gesamtzufriedenheit beschränken.

Beim **Ex ante/ex post Vergleich** wird die erhobene Erwartung der Kunden mit der ex post erhobenen Beurteilung der Leistungserfüllung verglichen. Darauf wird hier verzichtet, vielmehr wird hier lediglich in einer **ex post-Messung** die Zufriedenheitsurteile der Kunden abgefragt.

Es wird auf eine **separate Messung von Erwartungen** bzw. direkten Zufriedensheitsurteilen verzichtet.

Zusammenfassend wird der Ansatz zur Messung noch einmal in der Abb. 4.3 verdeutlicht:

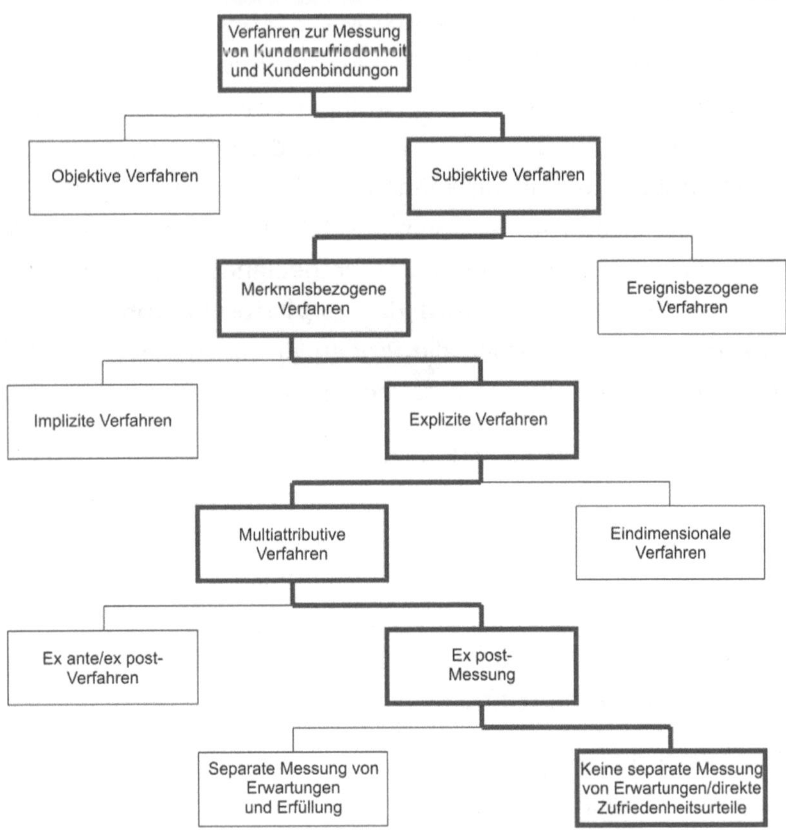

Abb. 4.3 Verfahren zur Messung von Kundenzufriedenheit (Fürst & Homburg, 2010, S. 605)

4.3 Operationalisierung

Die Operationalisierung findet auf zwei Ebenen, der Globalen und der Detailebene, statt. Auf **globaler Ebene** werden zwei Gesamtparameter gemessen. Der Kundenzufriedenheitsindex KZI, der die Gesamtzufriedenheit des Kunden mit dem untersuchten Unternehmen misst, und der Kundenloyalitätsindex, der ein Maß für die Kundenbindung darstellt. Die Erfassung erfolgt über standardisierte Fragen (siehe Abb. 4.4), die auf den Einzelfall der hier untersuchten Tankstelle angepasst wurden.

Kundenzufriedenheit	Wie zufrieden sind Sie insgesamt mit der Firma XY?
	Wie vorteilhaft ist die Geschäftsbeziehung mit der Firma XY für Sie?
	Wie gut erfüllt die Firma XY insgesamt ihre Erwartungen?
Kundenbindung (Dimension Verhaltensabsichten)	Würden Sie die Firma XY weiterempfehlen?
	Würden Sie Freunden und Bekannten zum Kauf bei der Firma XY raten?
	Werden Sie langfristig einen gleichbleibenden oder steigenden Anteil Ihres Bedarfs bei der Firma XY decken?
	Wenn Sie das betrachtete Produkt/die betrachtete Dienstleistung nochmal kaufen müßten, würden Sie es/sie wieder bei der Firma XY kaufen?
	Wenn Sie das betrachtete Produkt/die betrachtete Dienstleistung das nächste Mal kaufen, wird es wieder bei der Firma XY sein?
	Wollen Sie langfristig Kunde der Firma XY bleiben?
	Werden Sie auch beim Kauf anderer Produkte/Dienstleistungen die Firma XY in Erwägung ziehen?

Abb. 4.4 Gebräuchliche Formulierungen zur Erfassung der Gesamtzufriedenheit und der Kundenbindung (Quelle: Homburg/Faßnacht/Werner, 1999, S. 397)

Auf der **Detailebene** wird die Kundenzufriedenheit bzw. die Kundenbindung an Hand der einzelnen Bestandteile, den Leistungsbestandteilen, gemessen. Die Leistungsbestandteile wiederum werden in Leistungsattribute aufgeteilt. Beispielhaft wird in der folgenden Abb. 4.5 die Aufgliederung eines Parameters dargestellt:

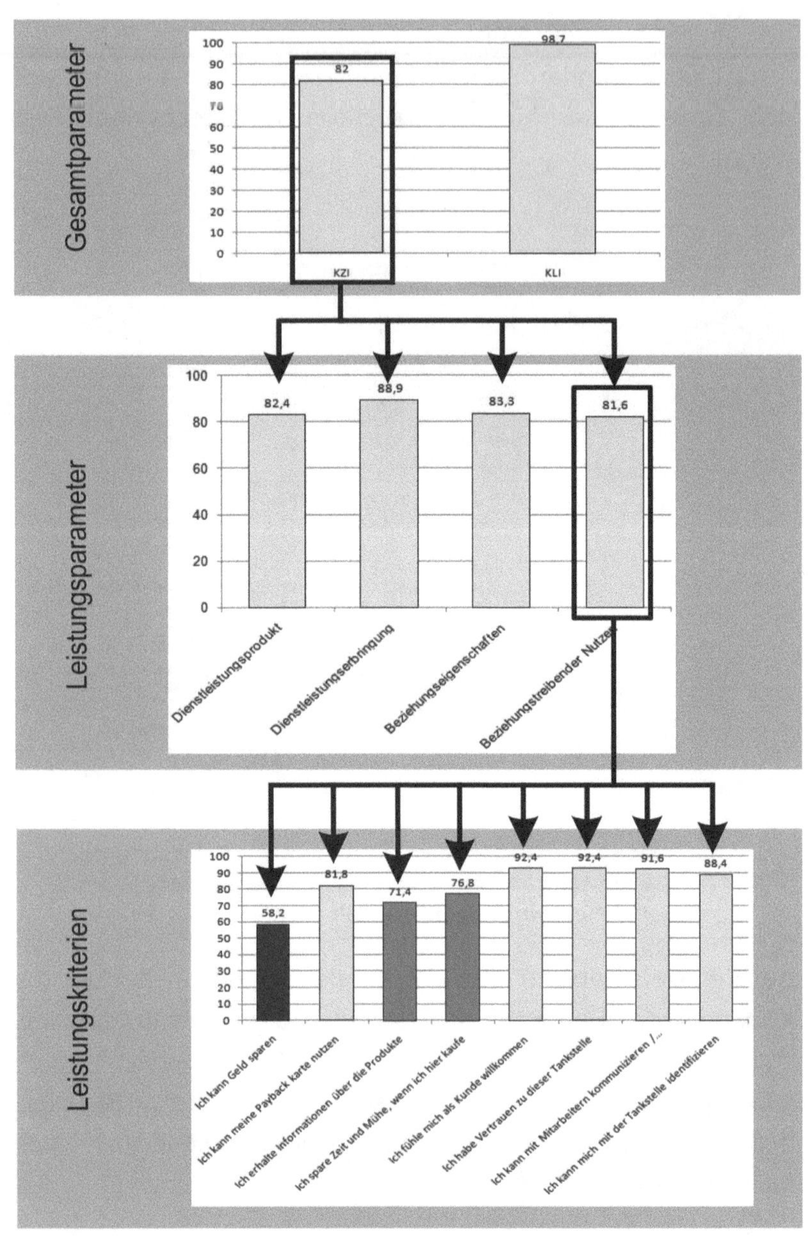

Abb. 4.5 Ergebnisebenen (in Anlehnung an Fürst & Homburg, 2010)

4.4 Konzept

Zielgruppe der Befragung sind aktuelle Kunden der Tankstelle *M. Paries GmbH* in 66287 Quierschied. Die Kunden wurden von einer Mitarbeiterin/einem Mitarbeiter der Tankstelle spontan und zufällig während ihres Einkaufs ausgewählt. Da eine Vollerhebung, also eine Befragung aller Kunden, praktisch unmöglich ist und somit als Option ausscheidet, wurde als Design der Stichprobe **Einzelfallstudie und Teilerhebung** gewählt. Zur Ermittlung der **Grundgesamtheit** wurde das Warenwirtschaftssystem der Tankstelle herangezogen, dessen Auswertung ca. 800 Kassenvorgänge pro Tag bzw. ca. 5600 Vorgänge pro Woche ergibt. Eine Befragung der Mitarbeiter ergab die Schätzung, dass jeder Kunde die Tankstelle durchschnittlich 2,5 mal pro Woche besucht. Somit ergibt sich die Grundgesamtheit grob geschätzt aus 5600 geteilt durch 2,5 es sind also etwa 2240 unterschiedliche Kunden, die die Tankstelle innerhalb einer Woche besuchen. Befragt wurden 117 Personen, 115 Personen haben den Fragebogen vollständig ausgefüllt, mit der Stichprobe werden also nahezu 5% der Kunden der Tankstelle befragt.

Die Befragung erfolgt schriftlich an einem Computer-Terminal) um die sich dadurch ergebenden Möglichkeiten der Interaktivität des Fragebogens zu nutzen und die Befragungsdauer zu optimieren. Darüber hinaus sollen so authentischere Aussagen über die Zufriedenheit gewonnen werden. Bei persönlicher Befragung fallen die Ergebnisse gegenüber einer anonymen schriftlichen Befragung etwa 10 bis 12% besser aus (LeVois et. al. 1981; Peterson/Wilson 1992).

Erstellt wurde der Fragebogen mit dem Software-Paket *„ofb - der online Fragebogen"*[1], welches speziell für wissenschaftliche Befragungen konzipiert wurde.

4.5 Gestaltung des Fragebogens

Inhaltlich wurde der Fragebogen nach folgenden Kriterien gestaltet:

1. Die Erfahrung mit Kunden der Tankstelle sowie die Tatsache, dass man unterwegs technisch bedingt Benzin an verschiedenen Tankstellen kaufen muss, macht es notwendig, den Fragebogen entsprechend der **Tankstellenpräferenzen** der befragten Kunden zu differenzieren. Der erste Frageblock dient deshalb dazu, diese Präferenzen zunächst abzufragen und die Folgefragen entsprechend den Präferenzen zu stellen.
2. **Globale Fragen**. Entsprechend der Tankstellenpräferenz werden globale Fragen zur Kundenzufriedenheit und zur Gewichtung der Leistungskriterien gestellt.
   In einem weiteren globalen Block werden dann für die untersuchte Tankstelle der Kundenbindungsindex (KLI) mit den drei Komponenten Wiederkaufabsicht, Zusatzkaufabsicht, sowie der Weiterempfehlungsabsicht und der Kundenzufriedenheitsindex (KZI) abgefragt.
3. **Leistungsparameter und Leistungskriterien.** In den weiteren Frageblöcken werden auf der Detailebene die einzelnen Leistungsparameter und Leistungskriterien abgefragt.

---

[1] https://www.soscisurvey.de/ zuletzt besucht am 26.06.2010

4. Der Fragebogen endet mit **Fragen zur Person**. Damit sollen später differenzierte Aussagen über Verbesserungen der Kundenbindung getroffen werden können.

Überwiegend werden geschlossene Fragen gestellt und eine 5-stufige Likert-Skala eingesetzt. Gelegentlich wird zur Auflockerung ein Schieberegler (dann Punktevergabe von 0 bis 100) sowie 5 unterschiedliche Smilies eingesetzt.

Als **Geamtparameter** wuden KZI (Kundenzufriedenheitsindex) und KLI (Kundenloyalitätsindex) ermittelt.

Die Auswahl der ***Leistungsparameter*** wurden Erkenntnisse der Means-End-Theorie genutzt, da *„es eines ganzheitlichen theoretischen Bezugsrahmens"* bedarf, *„der konzeptionelle Überschneidungen aufzeigt und den spezifischen Charakter der einzelnen Determinanten zu identifizieren hilft"* (Paul & Henning-Thurau, 2010, S. 84).

Die auf *Gutman* (1982) zurückgehende Means-End Chain Theorie besagt, dass ein Kunde sein Wissen über die Attribute eines Objekts mit seinem Wissen über den daraus resultierenden Nutzen und seinem persönlichen Werten verknüpft. Mit anderen Worten kauft der Kunde das Produkt, wenn die ihm bekannten Produktattribute geeignet sind, den gewünschten Nutzen herbei zu führen bzw. die als wichtig erachteten Werte zu erreichen. Angewandt auf die hier vorliegende Problemstellung können die gesuchten Determinanten in beziehungstreibende Attribute (Attributebene), beziehungstreibender Nutzen (Nutzenebene) und motivationale Werte (Werteebene) aufgeteilt werden (Paul & Henning-Thurau, 2010, S. 85). Innerhalb dieser Ebenen sind nun die Leistungsparameter zu finden, die in der Kundenbefragung abgefragt werden. Sie sind aus Zusammenstellung *von Paul/Henning-Thurau* entnommen und auf den untersuchten Fall abgestimmt.

Folgende Leistungsparameter wurden abgefragt:

- beziehungstreibende Attribute
  - *Dienstleistungsprodukt*: Besondere Eigenschaften der angebotenen Dienstleistung.
  - *Dienstleistungserbringung*: Attribute, die sich auf die Kunden-Mitarbeiter-Interaktion beziehen
  - *Dienstleistungsumgebung*: Ambiente, in dem die Dienstleistung erbracht wird
  - *Beziehungseigenschaften*: Art der Beziehung zwischen Anbieter und Kunden.
- beziehungstreibender Nutzen
  - Funktionaler Nutzen
  - Psychologischer Nutzen
  - Sozialer Nutzen

Unterhalb der Ebene der Leistungsparameter befinden sich die **Leistungsattribute**, d.h. ein Leistungsparameter setzt sich (aus mehreren) Leistungsattributen zusammen, deren Ausprägung dann in den einzelnen Fragen (auf Detailebene) ermittelt wird. Der Aufbau wird in folgender Abb. 4.6 verdeutlicht:

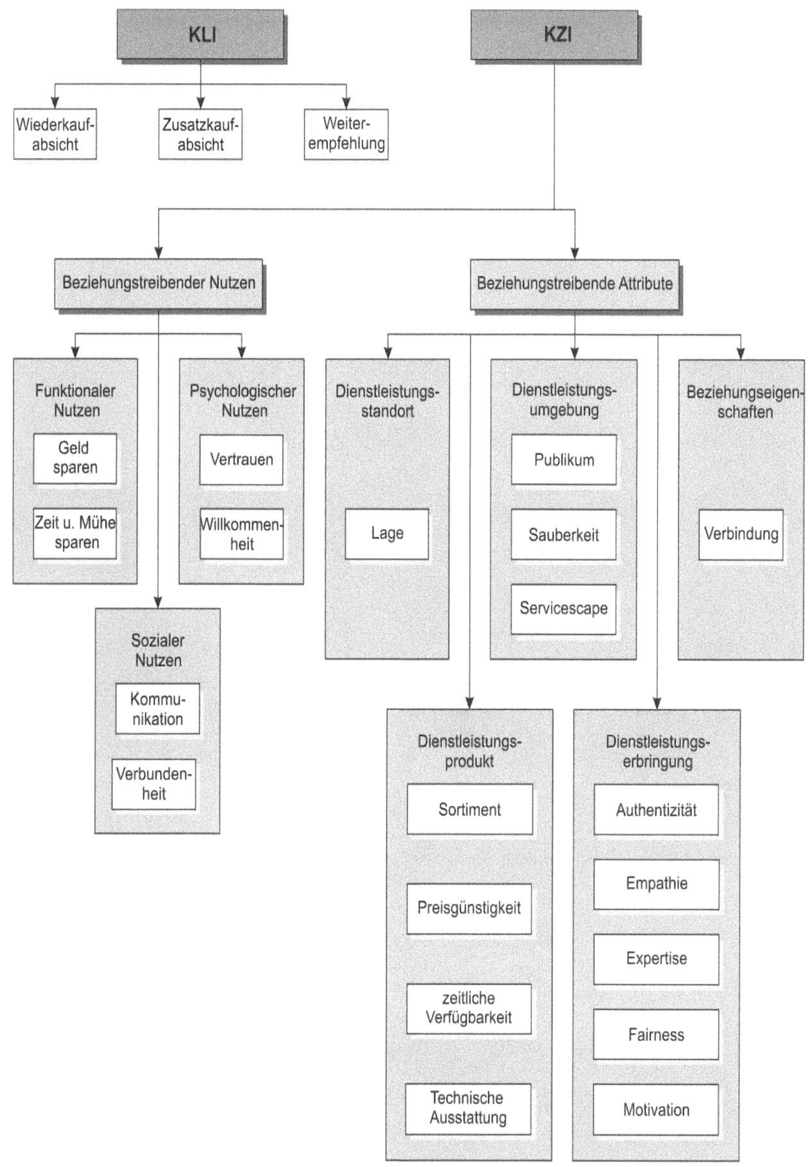

Abb. 4.6 In der Feldstudie abgefragte Attribute

5 Analyse der Messung

Die Auswertung der Fragebogen erfolgte mit Hilfe des Programms *PASW Statistics 18*[2], welches geeignet ist, die mittels des online-Fragebogens erhaltenen Rohdaten einzulesen und weiter zu verarbeiten.

5.1 Auswertung der globalen Ebene

Auf globaler Ebene wurden die Indikatoren zum KZI und KLI mittels Bildung des arithmetischen Mittels der einzelnen Indikatoren verdichtet.

Die Einschätzung der Ergebnisse ergibt sich durch Einteilung in eine sogenannte „Ampel-Skala" (Homburg & Stock, 2000, S. 36). Werte im roten Bereich mit einer Zufriedenheit kleiner als 70% implizieren einen akuten Handlungsbedarf während Werte im grünen Bereich, also einer Zufriedenheit von mehr als 80% eine überdurchschnittliche Zufriedenheit bzw. Loyalität signalisieren. Werte dazwischen im gelben Bereich stehen für eine indifferente Haltung des Kunden. Verdeutlicht wird das System in Abb. 5.1:

---

[2] http://www.spss.com/ zuletzt besucht am 14.06.2010

	Roter Bereich 0-70%	Gelber Bereich 70-80%	Grüner Bereich 80-100%
Zufriedenheits-urteile	Unterdurch-schnittliche Zufriedenheit	Durchschnittliche Zufriedenheit	Überdurch-schnittliche Zufriedenheit
Loyalitätsurteile	Starke Gefahr, Kunden zu verlieren	Moderate Gefahr, Kunden zu verlieren	Kaum Gefahr, Kunden zu verlieren

Abb. 5.1 "Ampel-Skala" (in Anlehnung an Homburg/Stock 2000)

Der **Kundenzufriedenheitsindex** wurde mit der Frage „Wie zufrieden sind Sie insgesamt mit dieser Tankstelle" ermittelt. Die Probanden hatten dabei die Möglichkeit einen Schiebe-regler zwischen den Extremen „sehr unzufrieden und „sehr zufrieden" zu platzieren[3]. 117 gültige Angaben konnten aus-gewertet werden. Im Mittel ergab sich hier eine Zufriedenheit von 82%, also ein **KZI von 82%** bei einer Standardabwei-chung von 23,309. 69,2% der Befragten gaben eine Zufriedenheit von 80% und mehr an, 24% eine Zufriedenheit kleiner gleich 70%. Weitere Details können der Tabelle zur Frage GL01 im Anhang entnommen werden. Die Werte sind in folgender Abb. 5.2 grafisch dargestellt, wobei sie zuguns-ten einer besseren Übersicht in fünf Intervallen zusammen-gefasst wurden:

[3] „sehr zufrieden" entspricht dem Wert 100, „sehr unzufrieden" ent-spricht dem Wert 0

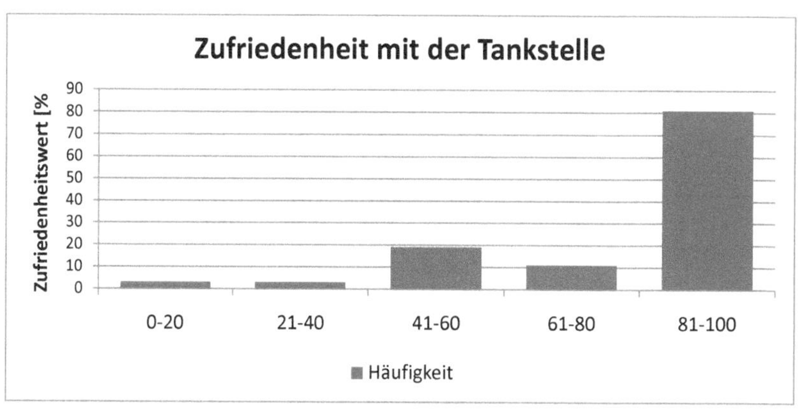

Abb. 5.2 Frage GL01 - Zufriedenheit mit der Tankstelle

Der **Kundenbindungsindex** wurde mit den Fragen „Würden Sie die Tankstelle an Bekannte, Freunde weiterempfehlen?", „Wollen Sie auch weiterhin Kunde dieser Tankstelle bleiben?" und „Können Sie sich vorstellen auch Produkte aus anderen Produktklassen von uns zu beziehen?" erfragt.

Abb. 4.8 zeigt die Mittelwerte der einzelnen Indikatoren und den zum KLI verdichteten Wert. Bei der Berechnung des Indikators Wiederkaufabsicht wurde die Angabe „bin mir nicht sicher" mit 0,5 bewertet, während „Ja" mit dem Wert 1 und „Nein" mit dem Wert 0 eingingen. Beim Indikator Zusatzkaufabsicht wurde die Angabe „kommt auf das Produkt an" wie die unbedingte Zusatzkaufabsicht „Ja" mit 1 bewertet, denn in beiden Fällen ist die Bereitschaft zum Kaufen anderer Produktklassen vorhanden.

	Arithmetisches Mittel
Weiterempfehlen	99%
Wiederkaufabsicht	98,7%
Zusatzkaufabsicht	98,3%
KLI	**98,7%**

Abb. 5.3 Kundenloyalitätsindex

In Abb. 5.3 sind die sehr hohen Werte der einzelnen Bereiche und der KLI von 98,7% abgebildet.

Entsprechend „Ampel-Skala" liegt der KZI knapp im grünen Bereich überdurchschnittlicher Kundenzufriedenheit, der Loyalitätsindex liegt sehr deutlich im grünen Bereich, in dem kaum Gefahr besteht, Kunden zu verlieren. Eine genauere Untersuchung des Kundenzufriedenheitsindexes erfolgt nun auf der Detailebene.

5.2 Auswertung auf Detailebene

Auch auf Detailebene erfolgt die Auswertung durch Mittelwertbildung und wiederum eine Einschätzung des Ergebnisses durch die oben benutzte Ampelskala. Dabei wird zunächst angenommen, dass die einzelnen Attribute gleiches Gewicht haben und die überwiegend angewandte 5-stufige Likert-Skala mit gleicher Abstufung von 1 bis 5[4] interpretiert. Dem Autor ist dabei bewusst, dass es sich hierbei um eine modellhafte Vereinfachung handelt. Die Tendenz lässt sich jedoch durchaus auch mit dieser Vereinfachung ableiten.

---

[4] Der Wert 1 entspricht dabei einer 20 prozentigen Zustimmung, der Wert 5 einer 100 prozentigen Zustimmung

Die Beurteilung des **Dienstleistungsprodukts** wurde durch die Abfrage von 15 verschiedenen Attributen realisiert, die in der folgenden Tabelle wiedergegeben werden. Die Beurteilung erfolgt wieder durch die Ampelskala, abgebildet in Abb. 5.4.

	Arithmetisches Mittel [%]	Verdichtung [%]
Sortiment Breite	84,2	84,9
Sortiment Tiefe	85,6	
Preisgünstigkeit	76,6	76,6
T.A. Waschanlage	84	80,1
T.A. Hochdruckreiniger	78	
T.A. Vorsprühgerät	75,6	
T.A. Staubsauger	76,6	
T.A. Luftdruckgerät	82,2	
T.A. Tanksäulen	79,2	
T.A. Zahlungsabwicklung	85	
Öffnungszeiten	87,8	87,8
Serviceleistungen	80,8	82,75
Beständigkeit	82,8	
Verlässlichkeit	84,8	
Fehlerfreiheit	82,6	
Dienstleistungsprodukt	**82,43**	

Abb. 5.4 Detailebene - Dienstleistungsprodukt

Obwohl der Leistungsparameter „Dienstleistungsprodukt" insgesamt deutlich „im grünen Bereich" liegt, sind zwei Bereiche innerhalb des Parameters auffällig, nämlich die „Preisgünstigkeit im Verhältnis zu anderen Tankstellen" und die „technische Ausstattung". Die Preisgünstigkeit befindet sich in der Indifferenzzone zwischen 70% und 80%, die technische Ausstattung insgesamt zwar über 80%, jedoch mit vier von sechs Komponenten ebenfalls im indifferenten Bereich. Um für die „gelben" Attribute Anhaltspunkte für eine Verbesserung zu erhalten, wurde für diese zusätzlich eine nach Geschlecht getrennte Betrachtung durchgeführt. Dabei lässt sich feststellen, wie in Abb. 5.5 zu sehen, dass die weiblichen Befragten die Attribute deutlich besser und sogar alle im „grünen" Bereich bewerten.

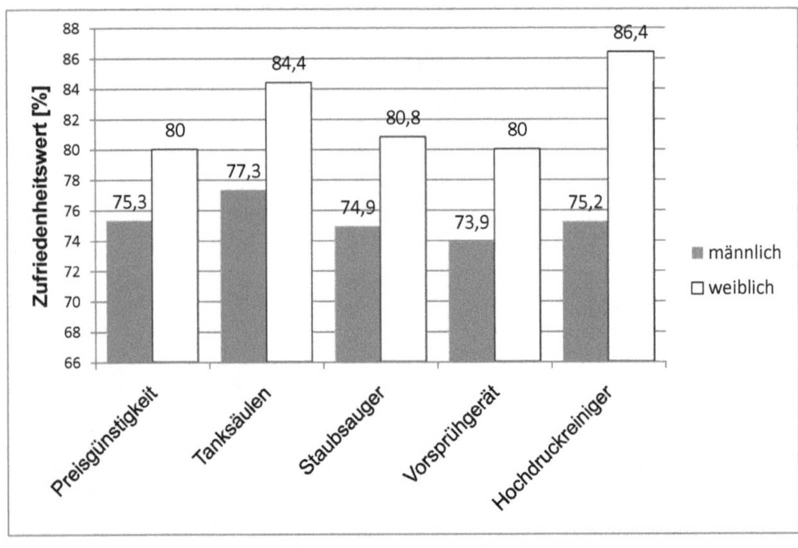

Abb. 5.5 "Gelbe" Attribute des Dienstleistungsprodukts nach Geschlecht ausgewertet

Bei der **Dienstleistungserbringung** steht der Mitarbeiter im Fokus der Befragung. Hier wurden mit dem niedrigsten Wert von 87,2% ausnahmslos sehr hohe Zufriedenheitswerte erreicht:

<table>
<tr><th></th><th>Arithmetisches Mittel [%]</th><th>Verdichtung [%]</th></tr>
<tr><td colspan="3">Die Mitarbeiter der Tankstelle...</td></tr>
<tr><td>zeigen glaubwürdige Emotionen</td><td>88,8</td><td rowspan="6">89,1</td></tr>
<tr><td>kümmern sich um den Kunden</td><td>90,6</td></tr>
<tr><td>zeigen Interesse gegenüber dem Kunden</td><td>89</td></tr>
<tr><td>haben Fach- und Beratungskompetenz</td><td>87,2</td></tr>
<tr><td>bieten die Dienstleistung in fairer Art & Weise an</td><td>88,2</td></tr>
<tr><td>haben eine positive Arbeitseinstellung</td><td>90,8</td></tr>
<tr><td colspan="3">Schnelligkeit der Dienstleistung</td></tr>
<tr><td>Ich werde zügig und ohne Wartezeiten bedient</td><td>88,4</td><td rowspan="2">84,8</td></tr>
<tr><td>An der Waschanlage muss ich nur mit kurzen Wartezeiten rechnen</td><td>81,2</td></tr>
<tr><td colspan="3">Unaufdringlichkeit der Mitarbeiter</td></tr>
<tr><td>Die Mitarbeiter üben auf mich keinen Druck aus zu kaufen</td><td>93,4</td><td>93,4</td></tr>
<tr><td>Dienstleistungserbringung</td><td colspan="2">88,9</td></tr>
</table>

Abb. 5.6 Detailebene - Dienstleistungserbringung

Die Werte sind eine Bestätigung der Geschäftsstrategie der *M. Paries GmbH*: Trotz der oben beschriebenen schwierigen wirtschaftlichen Situation der Branche und entgegen dem in der Branche vorherrschenden Trend, wurde an dem Ziel festgehalten, überwiegend mit qualifizierten Vollzeitkräften zu arbeiten und die Fluktuation gering zu halten. Würde bei der Dienstleistungserbringung das einzige mitarbeiterunbeeinflusste Attribut „Wartezeit an der Waschanlage" (mit 81,2% auch im unkritischen Bereich) außer Acht gelassen, so ergäbe sich eine Zufriedenheit von über 90% in diesem Bereich. Jedoch auch mit diesem Attribut werden 88,9% Zufriedenheit erreicht. Die Werte zu den einzelnen Unterpunkten sind in der Abb. 5.6 dargelegt.

Entgegen den vorherigen Determinanten ist bei dem **Dienstleistungsstandort** eine Ampeleinteilung nicht sinnvoll. Zwar ist es erfreulich, dass die Tankstelle für die Kunden gut zu Wohnort und Weg zur Arbeit liegt, bedacht werden muss jedoch, dass ausschließlich aktuelle Kunden befragt werden. Ein geringerer Wert - insbesondere bei der Frage nach der nächstgelegenen Tankstelle - heißt also auch, dass die Kunden Umwege in Kauf nehmen um speziell an dieser Tankstelle ihre Einkäufe zu erledigen. Lediglich 57,4% der befragten Personen geben an, dass die Tankstelle auf jeden Fall die nächstgelegene ist (trifft voll zu), im Mittel sind es dann doch, wie Abb. 5.7 zeigt, 76,4 %.

	Arithmetisches Mittel [%]	Verdichtung [%]
Lage der Tankstelle...		
Liegt ideal zu meinem Wohnort	83,6	80,8
Liegt auf meinem Weg zur Arbeit	82,4	
Ist für mich die nächstgelegene Tankstelle	76,4	
Dienstleistungsstandort	**80,8**	

Abb. 5.7 Detailebene - Lage der Tankstelle

Durch die bei den **Beziehungseigenschaften** festgestellten Werte, gezeigt in Abb. 5.8,

	Arithmetisches Mittel [%]	Verdichtung [%]
Beziehung zur Tankstelle / zu Mitarbeitern		
Ich habe eine gute Beziehung zu einem mehreren Mitarbeitern der Tankstelle	84	83,3
Ich habe eine besondere Beziehung zu diesem Ort	82,6	
Beziehungseigenschaften	**83,3**	

Abb. 5.8 Detailebene - Beziehungseigenschaften

können folgende Aussagen bestätigt werden:

- Es ist nur ein geringer Anteil von Laufkundschaft vorhanden. Anders ist nicht zu erklären, dass lediglich ein Anteil von rund 20% keine, oder keine besondere Beziehung zu den Mitarbeitern hat (1,2 oder 3 von 5).

- Trotz Low-involvement Produkten und etwa 800 Kundenkontakten am Tag gelingt es den Mitarbeitern, ein intensives persönliches Verhältnis zu den Kunden aufzubauen und aufrecht zu erhalten.
- Die Tankstelle befindet sich in einer intakten dörflichen Struktur. Über 80% der Befragten haben eine besondere Beziehung zum Ort der Tankstelle.

Die nun folgende Auswertung zum **beziehungstreibenden Nutzen** (siehe Abb. 5.9) zeigt sehr deutlich, dass die Stärken der untersuchten Tankstelle im psychologischen Bereich liegen, wo sehr gute Resultate erzielt werden. Der funktionale, insbesondere der monetärer Nutzen, ist gering ausgeprägt. Hier spielt wohl das allgemeine Hochpreis-Image einer Tankstelle und zusätzlich die Markenaussage von *Aral* eine Rolle. *Aral* positioniert sich schließlich als Premium- und nicht als Billigmarke. Insofern muss der niedrige Wert bei der Aussage „Ich kann an dieser Tankstelle im Verhältnis zu anderen Tankstellen Geld sparen" mehr als konsistent im Sinne der Markenstrategie denn als negativ im Sinne der Kundenzufriedenheit interpretiert werden.

	Arithmetisches Mittel [%]	Verdichtung [%]
Funktionaler Nutzen...		
Ich kann Geld sparen	58,2	72,05
Ich kann meine Payback-Karte nutzen	81,8	
Ich erhalte Informationen über die Produkte	71,4	
Ich spare Zeit und Mühe, wenn ich hier kaufe	76,8	
Psychologischer Nutzen		
Ich fühle mich als Kunde willkommen	92,4	91,2
Ich habe Vertrauen zu dieser Tankstelle	92,4	
Ich kann mit Mitarbeitern kommunizieren / mich austauschen	91,6	
Ich kann mich mit der Tankstelle identifizieren	88,4	
Funktionaler Nutzen	**81,6**	

Abb. 5.9 Detailebene - Beziehungstreibender Nutzen

Möglicherweise wäre an dieser Stelle eine Differenzierung der Frage hinsichtlich der strategischen Geschäftsfelder Kraftstoff, Shop, und Waschanlage sinnvoll gewesen. Die Vermutung liegt aber nahe, dass der Kunde die Tankstelle als Ganzes, sprich als *Aral*-Markentankstelle wahrnimmt.

Eine Auswertung nach Geschlechtern getrennt zeigt hier erneut ein etwas anderes Bild. Wieder ist bei den weiblichen Befragten eine bessere Bewertung als bei den männlichen Befragten festzustellen (siehe Abb. 5.10). Ein unkritischer Wert oberhalb 80% wird aber auch bei den weiblichen Befragten lediglich beim Attribut „Ich spare Zeit und Mühe" erreicht.

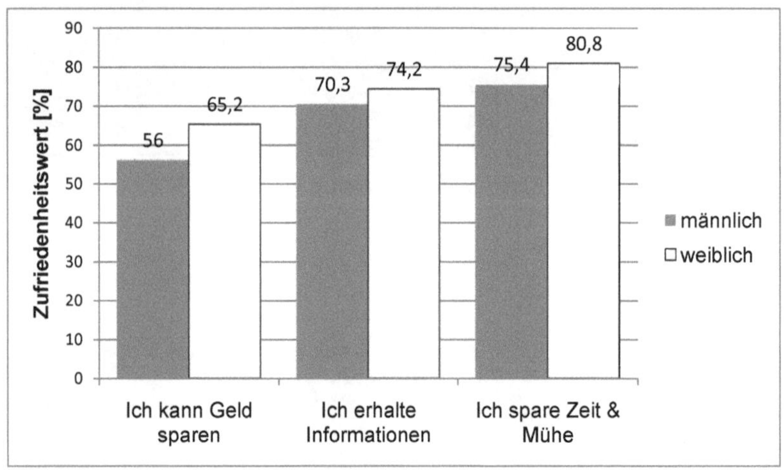

Abb. 5.10 Kritische Attribute des funktionalen Nutzens nach Geschlecht ausgewertet

5.3 Bedeutung einzelner Faktoren für den Kunden

Die bisherigen Untersuchungen gingen von einer gleichen Gewichtung der einzelnen Attribute aus. Es ist jedoch davon auszugehen, dass die Zufriedenheit bei unterschiedlichen Attributen jeweils einen individuell starken Einfluss auf die Gesamtzufriedenheit hat. Nach *Fürst &Homburg* (2010 S. 624) haben manche Parameter also bei positiver Bewertung einen starken, bei negativer Bewertung einen schwachen Einfluss auf die Gesamtzufriedenheit („*Satisfier*").Andere haben bei positiver Bewertung einen schwachen und bei negativer Bewertung einen starken Einfluss auf die Bewertung („*Dissatisfier*"). Auch ändert sich ihre Wichtigkeit im Laufe einer Geschäftsbeziehung, Neukunden empfinden andere Parameter als wichtig als langjährige Stammkunden (Fürst & Homburg, 2010, S. 624). Um die Bedeutung einzelner Determinanten für den Kunden festzustellen wurde in der vorliegenden Befragung - abhängig von der Tankstellenpräferenz der Kunden - die Probanden aufgefordert die Wichtigkeit einzelner Parameter in eine Rangordnung zu bringen.

Lediglich für zwei Gruppen (Präferenz *Aral* mit 20 Antworten, Präferenz *M. Paries GmbH* mit 70 Antworten) erscheint eine Auswertung auf Grund der Anzahl der erhaltenen Antworten sinnvoll.

Zur Auswertung der Rangordnung wurden die für den jeweiligen Parameter vergebenen Ränge summiert[5]. Der Parameter mit der geringsten Gesamtpunktzahl über alle Befragten ist somit als bedeutendster Parameter anzusehen. Die Abbildungen 5.11 und 5.13 zeigen die Ergebnisse.

PA01 Warum Paries GmbH

	N	Summe
Die Mitarbeiter	81	136
Die Lage der Tankstelle	81	187
Das Sortiment	78	253
Die Preise	75	312
Ist eine Marken-Tankstelle	79	276
Gültige Werte (Listenweise)	74	

[5] Beispiel: 2 x Rang 1; 1 x Rang 2; Ergebnis = 2+2=4

Abb. 5.11 Frage PA01 - Gewichtung der Attribute bei Präferenz *M. Paries GmbH*

Für die befragten Kunden, die vorwiegend an der untersuchten Tankstelle kaufen, ergibt sich die folgende Rangfolge der Wichtigkeit (Abb. 5.12):

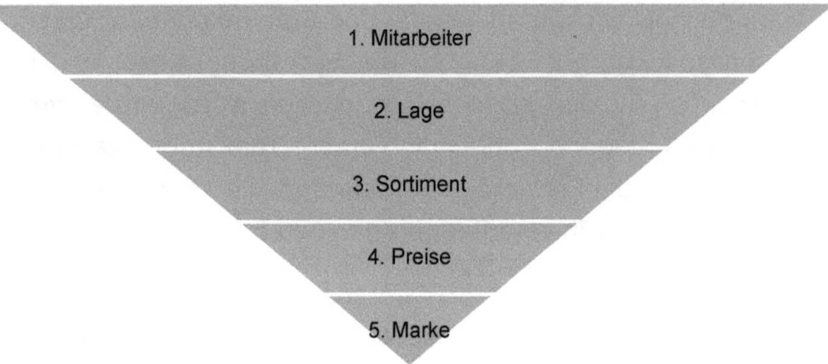

Abb. 5.12 Wichtigkeit verschiedener Determinanten - Kunden der *M. Paries GmbH*

Für die Probanden, die überwiegend an *Aral*-Tankstellen allgemein kaufen, stellt sich die Situation sehr ähnlich dar:

AR03 Warum *Aral*

	N	Summe
Die Mitarbeiter	24	44
Das Shopsortiment	22	68
Die Preise	22	94
Die Kraftstoffqualität	22	80
Die Lage der Tankstellen	24	65
Payback	20	109
Gültige Werte (Listenweise)	20	

Abb. 5.13 Frage AR03 - Reihenfolge der Wichtigkeit – *Aral*-Kunden

Für die befragten Kunden, die vorwiegend an *Aral*-Tankstellen allgemein kaufen, ergibt sich die folgende Rangfolge (Abb.5.14):

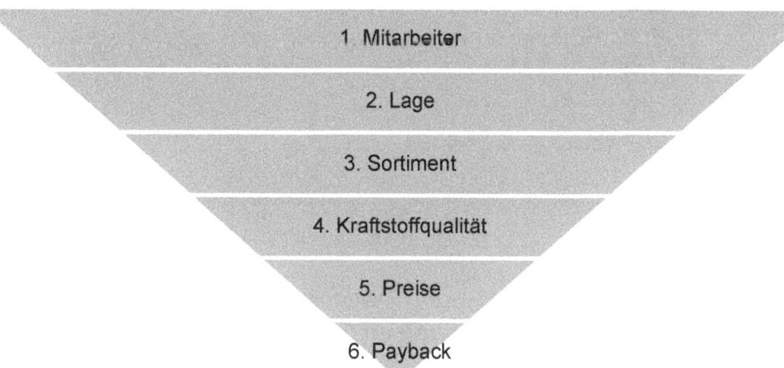

Abb. 5.14 Wichtigkeiten verschiedener Determinanten - *Aral*-Kunden

Die Zufriedenheitswerte der Befragung zu Grunde legend ergibt sich für die Kunden der *M. Paries GmbH* die in Abb. 5.15 dargestellte Zufriedenheits- / Wichtigkeitsmatrix. Ohne

Nachweis wurde dabei in der Abbildung ein gleichmäßiger Abstand der Wichtigkeiten gewählt.

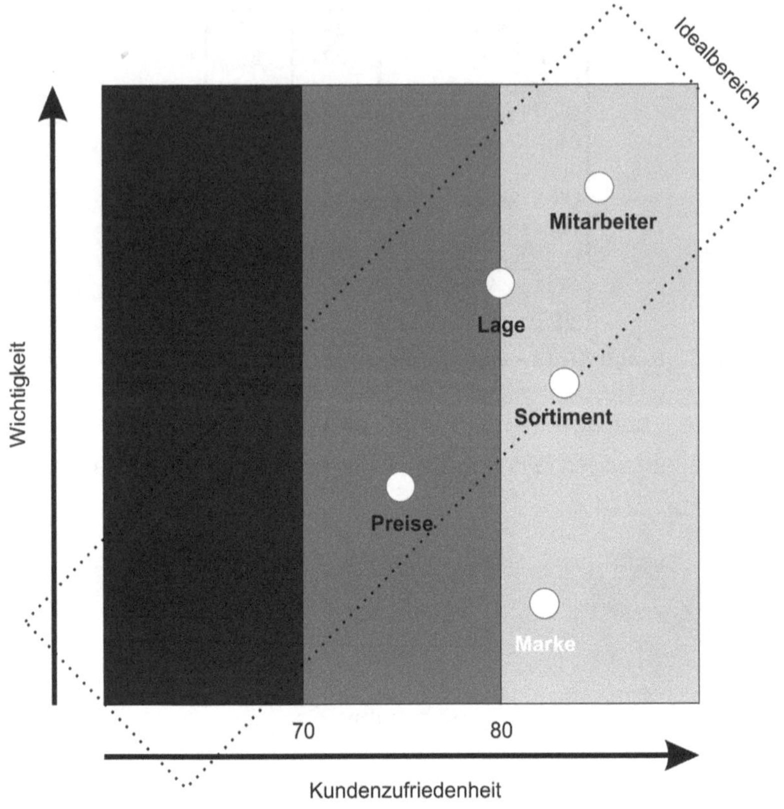

Abb. 5.15 Kundenzufriedenheit – Wichtigkeit - Matrix Kunden M. Paries GmbH (In Anlehnung an Fürst & Homburg, 2010)

Der Bereich innerhalb des gestrichelten Rechtecks gibt dabei den Idealbereich an. Für das Attribut Marke, welches als einziges abgefragtes nicht in diesem Bereich liegt, kann die Lage so gedeutet werden, dass auf Grund der „Unwichtigkeit" des Faktors auch eine geringere Zufriedenheit der Kunden akzeptabel wäre. Die Lage im „grünen" Bereich ist jedoch auf jeden Fall als positiv anzusehen.

5.4 Überblick über die Ergebnisse

Betrachtet man die verdichteten Ergebnisse der obigen Auswertung, die in Abb. 5.16 zusammengefasst sind, so sind weder bei einem der betrachteten Leistungsparameter noch auf globaler Ebene gravierende Mängel festzustellen. Alle Ergebnisse liegen in der unbedenklichen Zone. Verbesserungen müssen folglich eine Ebene tiefer bei den Attributen (z.B. Staubsauger, Vorsprühgerät und Zapfsäulen) ansetzen. Hier wiederum ist bei den kritischen Attributen eine deutlich bessere Bewertung durch die weiblichen Befragten festzustellen. Hier muss also insbesondere auf die männlichen Kunden eingegangen werden, um die Ergebnisse zu verbessern. Positiv herauszustellen ist der Kundenloyalitätsindex mit einem Wert nahe 100%.

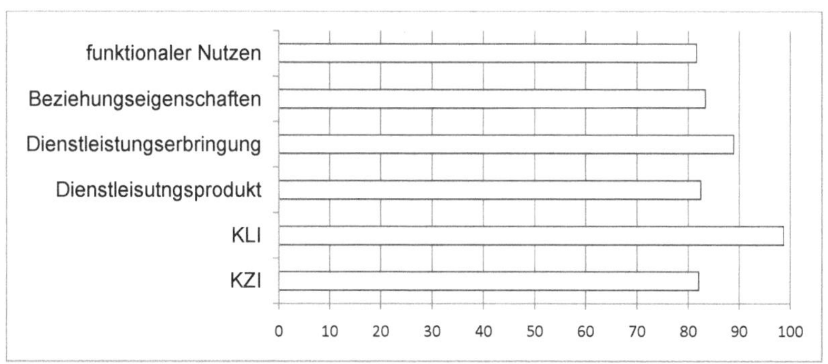

Abb. 5.16 Zusammenfassung Global- und Detailebene

6 Zusammenfassung der Ergebnisse und Ausblick

Wie bereits erwähnt decken die erhobenen Daten zunächst keine gravierenden Mängel hinsichtlich Kundenzufriedenheit und Kundenloyalität auf. Sehr gute Werte konnten überall dort erreicht werden, wo erbrachte Dienstleistungen durch Mitarbeiter der Tankstelle beeinflusst werden können. An diesen Stellen wurde auch die Stärke der untersuchten Tankstelle vermutet und somit die strategische Ausrichtung bestätigt.

Schwächen, die es zu beheben gilt, konnten vorwiegend beim funktionalen Nutzen und im Bereich Dienstleistungsprodukt bei den Determinanten „technische Ausstattung" und „Preisgünstigkeit gegenüber anderen Tankstellen" ausgemacht werden.

Beim funktionalen Nutzen entspricht das Ergebnis im Bereich des monetären Nutzens den Erwartungen. Es wurden keine Werte im „grünen Bereich" erzielt. Auch sind Verbesserungen hier nur sehr eingeschränkt möglich. Der positive Einfluss durch die Einführung der Payback-Karte jedoch ist messbar und bestätigt somit die von *Aral* eingeschlagene Richtung. Als bedenklich könnte allerdings der verhältnismäßig schlechte Wert bei der Aussage „Ich spare Zeit und Mühe, wenn ich hier einkaufe" angesehen werden. Der Anspruch eines Convenience-Shops, der ja gerade diese Ausrichtung hat, wird hier verfehlt. Hier gilt es, die genaueren Gründe zu erfahren und entsprechende Abhilfe zu schaffen.

Im Bereich des Dienstleistungsprodukts verfehlen bei der technischen Ausstattung die vier Geräte Hochdruckreiniger,

Staubsauger, Vorsprühgerät und die Tanksäulen die 80%-Marke. Im Fall der Tanksäulen ist der Mangel offensichtlich, da an der Station noch nicht die mittlerweile üblichen Multi productdispenser-Säulen (MPD), sondern noch Einstoffsäulen zum Einsatz kommen. Eine Verbesserung der Situation erfordert jedoch die Mitwirkung der Mineralölgesellschaft als Eigentümer der tanktechnischen Einrichtungen. Die vorliegende Untersuchung liefert nun einen Beleg für die Notwendigkeit einer Modernisierung. Bei Hochdruckreiniger, Staubsauger und Vorsprühgerät handelt es sich um technisch hochwertige Markenprodukte. Um hier eine Verbesserung herbei zu führen, sind weitere Untersuchungen notwendig. Vermutet werden kann, dass der Kunden die Laufzeiten als zu kurz empfindet (mittels Münzeinwurf wird das Gerät für eine festgelegte Dauer in Betrieb gesetzt), die Reinigungswirkung nicht der Kundenerwartung entspricht (eingesetzte chemische Produkte, bzw. Saugwirkung des Saugers), oder Ausfallzeiten durch technische Defekte als zu häufig oder zu lang empfunden werden. Zusätzlich wurde festgestellt, dass lediglich die männlichen Befragten hier ein Defizit sehen. Neben der technischen Ausstattung wird die Preisgünstigkeit gegenüber anderen Tankstellen mit unter 80% bewertet. Wie bereits erwähnt dürfte es jedoch schwierig sein, sich gegenüber dem Kunden vom vorherrschenden Hochpreisimage der Tankstellen zu distanzieren und gleichzeitig auch noch Konflikte mit dem Premiumimage der Marke *Aral* zu vermeiden.

Insgesamt kann festgehalten werden, dass die vorliegende Untersuchung lediglich einen ersten Schritt in der Untersuchung von Kundenzufriedenheit und Kundenloyalität für die untersuchte Tankstelle darstellen kann. Als weiterer Schritt sollte eine regelmäßige Wiederholung der Befragung vorgesehen werden, um eine Entwicklung im Zeitverlauf zu erkennen. Darüber hinaus ist ein weiterer Schritt in einem Vergleich mit anderen Tankstellen zu sehen, der dann die Bewertung der erbrachten Leistung auch relativ zum Wettbewerb erlaubt.

Anhang

A Literaturverzeichnis

Adam, R., Hermann, A., Huber, F., & Wricke, M. (2002). Kundenzufriedenheit und Preisbereitschaft - Empirische Erkenntnisse aus der Hotelbranche. *Zeitschrift für betriebswirtschaftliche Forschung Nr. 12* , S. 62-77.

Albers, S., & Krafft, M. (2001). Vahlens Großes Marketing Lexikon. In H. Diller, *Vahlens Großes Marketing Lexikon* (S. 867-869). München: Vahlen.

ARAL AG. (kein Datum). *PetitBistro.* Abgerufen am 26. 06 2010 von http://www.aral.de/aral/sectiongenericarticle.do?categoryId=4000723&contentId=7019201

Bailon, F., & Matzler, K. (2006). Messung von Kundenzufriedenheit. In H. H. Hinterhuber, & K. Matzler, *Kundenorientierte Unternehmensführung.* Wiesbaden: Gabler.

Bauer, R. (1960). Consumer Behavior as Risk-Taking. In R. Hancock, *Proceedings of the 43rd Conference of the American Marketing Association* (S. 389-398). Chicago.

Becker, A., Hentschel, F., & Homburg, C. (2010). Der Zusammenhang zwischen Kundenzufriedenheit und Kundenbindung. In C. Homburg, & M. Bruhn, *Handbuch Kundenbindungsmanagement* (S. 111-144). Wiesbaden: Gabler.

Brosius, F. (2008). *SPSS für Dummies.* Weinheim: Wiley-Vch Verlag GmbH.

Bruhn, M. (1998). *Wirtschaftlichkeit des Qualitätsmanagements. Qualitätscontrolling für Dienstleistungen.* Heidelberg: Springer.

Bruhn, M., & Homburg, C. (2010). Kundenbindungsmanagement - Eine Einführung in die theoretischen und praktischen Problemstellungen. In M. Bruhn, & C. Homburg, *Handbuch Kundenbindungsmanagement* (S. 3-39). Wiesbaden: Gabler.

Churchill, G., & Suprenant, C. (1982). An Investigation into the Determinants of Customer Satisfaction. *Journal of Marketing Research, Vol 19. No.4* , S. 491-501.

Coase, R. (1937). The Nature of the Firm. *Economica, Vol. 4*, S. 386-405.

Dwyer, F., Schurr, P., & Oh, S. (1987). Developing Buyer-Seller Relationships. *Journal of Marketing Vol. 51, No. 2* , S. 11-27.

Esch, F.-R., & Möll, T. (2006). Die Bedeutung der Marke im CRM. In H. Hippner, & K. D. Wilde, *Grundlagen des CRM Konzepte und Gestaltung* (S. 226-249). Wiesbaden: Gabler.

Festinger, L. (1957). *A Theory of Cognitive Dissonance.* Stanford.

Fürst, A., & Homburg, C. (2010). Überblick über die Messung von Kundenzufriedenheit und Kundenbindung. In M. Bruhn, & C. Homburg, *Handbuch Kundenbindungsmanagement* (S. 599-634). Wiesbaden: Gabler.

Gabler Wirtschaftslexikon. (kein Datum). Abgerufen am 03. November 2010 von http://wirtschaftslexikon.gabler.de/Definition/convenience-store.html

Galinanes, G., & Rennhak, C. (2006). Kundenbindung - Grundlagen und Begrifflichkeiten. In C. Rennhak, *Herausforderung Kundenbindung* (S. 3-14). Wiesbaden: DUV GWV Fachverlage GmbH.

Gaulik, T./Kellner, J./Seifert, D. (2002): Effiziente Kundenbindung mit CRM, Bonn.

Graßmann, B. (2010). Kundenbindungsmanagement durch branchenübergreifende Bonusprogramme - das Beispiel Payback. In M. Bruhn, & C. Homburg, *Handbuch Kundenbindungsmanagement* (S. 805-825). Wiesbaden: Gabler.

Gutman, J. (1982). A Means-End Chain Model of Consumer Categorization Processes. *Journal of Marketing, Vol. 46, No. 2* , S. 60-72.

Hanna, N., Wozniak, R., & Hanna, M. (2001). *Consumer Behavior. An Applied Approach.* Dubuque.

Hatzinger, R., & Nagel, H. (2009). *SPSS Statistics.* München: Pearson Studium.

Hentschel, B. (1991). Beziehungsmarketing. *Das Wirtschaftsstudium, 20. Jg., Nr. 1* , S. 25-28.

Hippner, H. (2006). CRM - Grundlagen, Ziele und Konzepte. In H. Hippner, & K. D. Wilde, *Grundlagen des CRM Konzepte und Gestaltung* (S. 16-44). Wiesbaden: Gabler.

Homburg, C. (1998). *Kundennähe von Industriegüterunternehmen: Konzeption - Erfolgsauswirkungen - Determinanten.* Wiesbaden: Gabler.

Homburg, Chr./Bruhn, M. (2003): Kundenbindungsmanagement – Eine Einführung in die theoretischen und praktischen Problemstellung. In: Bruhn M./Homburg, Chr. (Hrsg.): Handbuch Kundenbindungsmanagement, 4. Aufl., Wiesbaden, S. 3-37.

Homburg, C., & Koschate, N. (2007). Kundenzufriedenheit und Kundenbindung. In S. Albers, & A. Hermann, *Handbuch Produktmanagement Strategieentwicklung-Prokuktplanung-Organisation-Kontrolle* (S. 844-867). Wiesbaden: Gabler.

Homburg, C., & Stock, R. (2000). *Der kundenorientierte Mitarbeiter.* Wiesbaden: Dr. Th. Gabler.

Homburg, C., Koschate, N., & Hoyer, W. D. (2005). Do Satisfied Customers Really Pay More? A Study of the Relationship between Customer Satisfaction and Willingness to Pay. *Journal of Marketing Vol. 69, No. 2* , S. 84-96.

ifo Institut für Wirtschaftsforschung. (2010). *Branchen special Bericht Nr. 38 Tankstellen.* Berlin: BVR Bundesverband der Deutschen Volksbanken und Raiffeisenbanken.

Koenigsbeck, A. (01. Mai 2010). Autowäsche mit Potenzial. (K. +. GmbH, Hrsg.) *tankstelle* , S. 36-37.

Krafft, M., & Götz, O. (2006). Der Zusammenhang zwischen Kundennähe, Kundenzufriedenheit und Kundenbindung sowie deren Erfolgswirkung. In H. Hippner, & K. D. Wilde, *Grundlagen des CRM Konzepte und Gestaltung* (S. 326-356). Wiesbaden: Gabler.

Kroeber-Riel, W., & Weinberg, P. (2009). *Konsumentenverhalten.* München: Vahlen.

Krone, H. J. (20. 05 2010). Ordnungs-Rufe Wie Kunden Tankstellen sehen. *Convenience Shop* , S. 10-12.

Krüger, S. M. (1997). *Pofitabilitätsorientierte Kundenbindung durch Zufriedenheitsmanagement.* München: FGM-Verlag.

Langer, A., Eisend, M., & Kuß, A. (2008). Zu viel des Guten? Zum Einfluss der Anzahl von Ökolabels auf die Konsumentenverwirrtheit. *Marketing ZFP, 30. Jg., Nr. 1* , S. 19-28.

Meffert, H. (2003): Kundenbindung als Element moderner Wettbewerbsstrategien. In: *Bruhn M./Homburg, Chr.* (Hrsg.): Handbuch Kundenbindungsmanagement, 4. Aufl., Wiesbaden, S. 125-145.

Meffert, H., & Backhaus, K. (16,17. 06 1994). Kundenbindung und Kundenmanagement. *Post Graduate Workshop des Instituts für Marketing an der westfälischen Wilhelms-Universität Münster* . Munster.

Meyer, A., & Oevermann, D. (1995). Kundenbindung. In B. Tietz, R. Köhler, & J. Zentes, *Handwörterbuch des Marketing* (S. 1340-1351). Stuttgart: Schäffer-Poeschel Verlag.

Paul, M., & Henning-Thurau, T. (2010). Determinanten der Kundenbindung. In M. Bruhn, & C. Homburg, *Handbuch*

Kundenbindungsmanagement (S. 80-109). Wiesbaden: Gabler.

Prof. Dr. Schneck Rating GmbH. (2009). *Branchenstudie Tankstellenmarkt.* Reutlingen: Prof. Dr. Schneck Rating GmbH.

Rapp, R. (1995). *Kundenzufriedenheit durch Servicequalität.* Wiesbaden: Gabler.

Reichheld, F. F., & Sasser, E. W. (5 1990). Zero Defections: Quality Comes to Services. *Harvard Business Review Vol. 68, No5* , S. 105-111.

Rennhak, C. (2006). *Herausforderung Kundenbindung.* Wiesbaden: DUV Gabler Edition Wissenschaft.

Ruopp, M. (April 2010). Big Five. *tankstellen markt Extra Tankstellennetze 2010* , S. 4-8.

Rusbult, C. (1980). Commitment and Satisfaction in Romantic Associations. A Test of the Investment Model. *Journal of Experimental Social Psychology, Vol. 16* , S. 172-186.

Schindelholzer, B. (28. 04 2008). *Customer experience labs.* Abgerufen am 05. 06 2010 von University of St. Gallen: http://www.customer-experience-labs.com/2008/04/28/the-confirmationdisconfirmation-paradigm-why-satisfied-customers-are-not-always-satisfied/

Simon, H. (1991). Kundennähe als Wettbewerbsstrategie und Führungsanforderung. In K.-G. Kistner, & R. Schmidt, *Unternehmensdynamik: Horst Albach zum 60. Geburtstag* (S. 253-273). Wiesbaden: Gabler.

Stauss, B. (2003): Kundenbindung durch Beschwerdemanagement. In: Bruhn M./Homburg, Chr. (Hrsg.): Handbuch Kundenbindungsmanagement, 4. Aufl., Wiesbaden, S. 309-336.

Thibaut, J., & Kelly, H. (1959). *The Social Psychology of Groups.* New York.

Wilkie, W. (1994). *Consumer Behavior.* New York: John Wiley & Sons.

Williamson, O. (1975). *Markets and Hierarchies. Analysis and Antitrust Implications.* New York.

Williamson, O. (1979). Transaction-Cost Economies: The Governance of Contractual Relations. *The Journal of Law and Economies, Vol. 22* , S. 233-263.

Witherton Jones Publishing Ltd. (2009). *Wirtschaftslexikon24.de*. Abgerufen am 06. 06 2010 von http://www.wirtschaftslexikon24.net/d/variety-seeking/variety-seeking.htm

B Fragebogen

a. Strukturen des Fragebogens

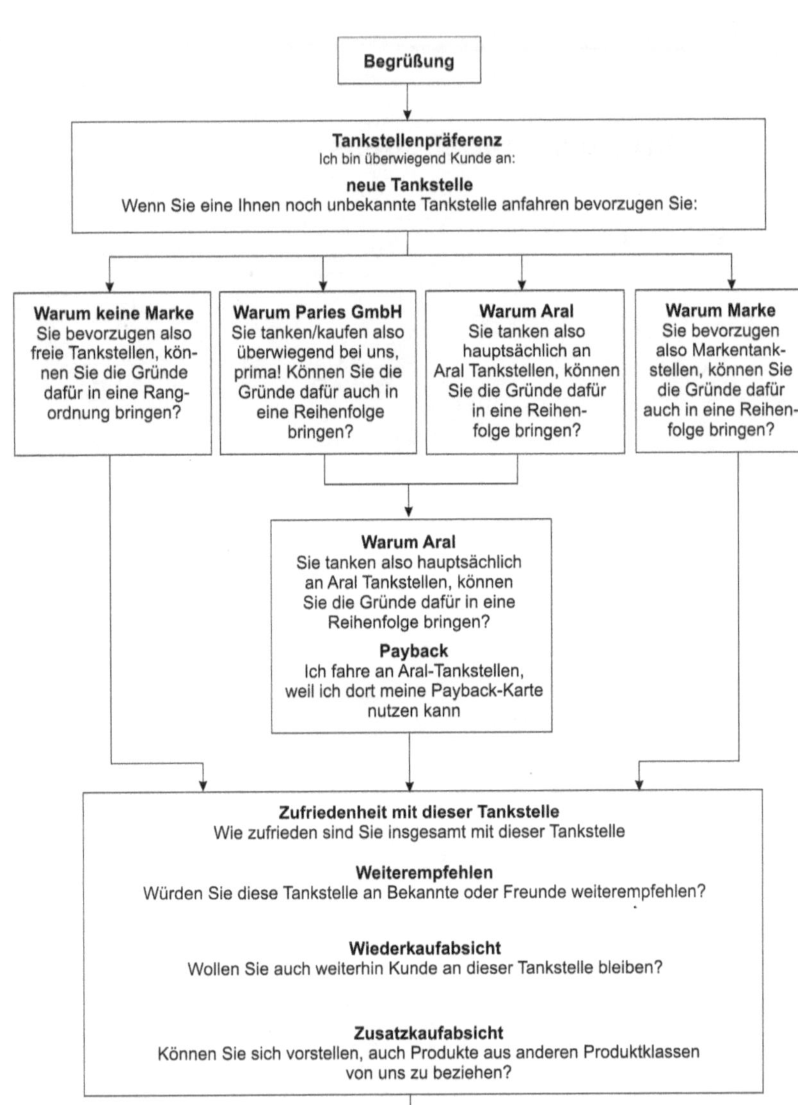
Begrüßung
Tankstellenpräferenz
Ich bin überwiegend Kunde an:
neue Tankstelle
Wenn Sie eine Ihnen noch unbekannte Tankstelle anfahren bevorzugen Sie:
Warum keine Marke
Sie bevorzugen also freie Tankstellen, können Sie die Gründe dafür in eine Rangordnung bringen?
Warum Paries GmbH
Sie tanken/kaufen also überwiegend bei uns, prima! Können Sie die Gründe dafür auch in eine Reihenfolge bringen?
Warum Aral
Sie tanken also hauptsächlich an Aral Tankstellen, können Sie die Gründe dafür in eine Reihenfolge bringen?
Warum Marke
Sie bevorzugen also Markentankstellen, können Sie die Gründe dafür auch in eine Reihenfolge bringen?
Warum Aral
Sie tanken also hauptsächlich an Aral Tankstellen, können Sie die Gründe dafür in eine Reihenfolge bringen?
Payback
Ich fahre an Aral-Tankstellen, weil ich dort meine Payback-Karte nutzen kann
Zufriedenheit mit dieser Tankstelle
Wie zufrieden sind Sie insgesamt mit dieser Tankstelle
Weiterempfehlen
Würden Sie diese Tankstelle an Bekannte oder Freunde weiterempfehlen?
Wiederkaufabsicht
Wollen Sie auch weiterhin Kunde an dieser Tankstelle bleiben?
Zusatzkaufabsicht
Können Sie sich vorstellen, auch Produkte aus anderen Produktklassen von uns zu beziehen?

Sortiment Breite - Tiefe

Wie beurteilen Sie das Warensortiment an dieser Tankstelle?

- Ich finde alle Warengruppen, die ich an einer Tankstelle erwarte.
- Innerhalb jeder Warengruppe gibt es genügend Sorten/Varianten

Preisgünstigkeit

Wie zufrieden sind Sie mit den Preisen an dieser Tankstelle?

Technische Ausstattung

Wie zufrieden sind Sie mit:

- Waschanlage
- Hochdruckreiniger
- Vorsprühgerät
- Staubsauger
- Luftdruck-Prüfgerät
- Tanksäulen
- Zahlungsabwicklung

Zeitliche Verfügbarkeit

Ich bin mit den Öffnungszeiten der Tankstelle zufrieden

Zuverlässigkeit der erbrachten Dienstleistung

- Die Serviceleistungen dieser Tankstelle sind überdurchschnittlich
- Das Ergebnis der erbrachten Dienstleistung ist beständig
- Das Ergebnis der erbrachten Dienstleistung ist verlässlich
- Das Ergebnis der erbrachten Dienstleistung ist fehlerfrei

Mitarbeiter

Wie empfinden Sie die Mitarbeiter dieser Tankstelle?

- Sie zeigen allen Kunden gegenüber glaubwürdige Emotionen
- kümmern sich um die Kunden
- zeigen Interesse gegenüber dem Kunden
- haben Fach- und Beratungskompetenz
- bieten die Dienstleistungen in fairer Art und Weise an
- haben eine positive Arbeitseinstellung

Schnelligkeit der Dienstleistung

- Ich werde an dieser Tankstelle zügig und ohne Wartezeiten bedient
- Am er Waschanlage muss ich nur mit kurzen Wartezeiten rechnen

Unaufdringlichkeit der Mitarbeiter

Die Mitarbeiter üben auf mich keinen Druck aus zu kaufen.

Geld sparen
Welchen besonderen Nutzen haben Sie, wenn Sie an dieser Tankstelle einkaufen?
- Ich kann im Vergleich zu anderen Tankstellen Geld sparen
- Ich kann meine Payback-Karte nutzen
- Ich erhalte bessere Informationen über Produkte, die ich hier kaufe
- Ich spare Zeit und Mühe, wenn ich hier einkaufe

Psychologischer Nutzen
In wieweit können Sie folgenden Aussagen zustimmen?
- Ich fühle mich als Kunde willkommen
- Ich habe Vertrauen zu dieser Tankstelle
- Ich kann hier mit Mitarbeitern kommunizieren/mich austauschen
- Ich habe ein Gefühl der Vertrautheit bzw. kann mich mit der Tankstelle identifizieren

Beziehung zu Tankstelle und Mitarbeitern
In wieweit können Sie folgenden Aussagen zustimmen:
- Ich habe eine gute Beziehung zu einem/mehreren Mitarbeitern der Tankstelle
- Ich habe eine besondere Beziehung zu diesem Ort

Lage der Tankstelle
In wieweit stimmen Sie folgende Aussagen über die Lage der Tankstelle zu:
- Sie liegt ideal zu meinem Wohnort.
- Sie liegt auf meinem Weg zur Arbeit
- Sie ist für mich die nächstgelegene Tankstelle

Sauberkeit
Beurteilen Sie bitte folgende Aussagen:
- Das Tankfeld ist sauber
- Der Shop ist sauber
- Die Waschhalle ist sauber

Publikum
Können Sie folgenden Aussagen bezüglich anderer Kunden dieser Tankstelle zustimmen:
- Die anderen Kunden, die ich hier treffe, tragen zu einer guten Atmosphäre bei.

Geschlecht, Alter, Beschäftigung, Wohnort

b. Ausgewählte Screenshots des Fragebogens

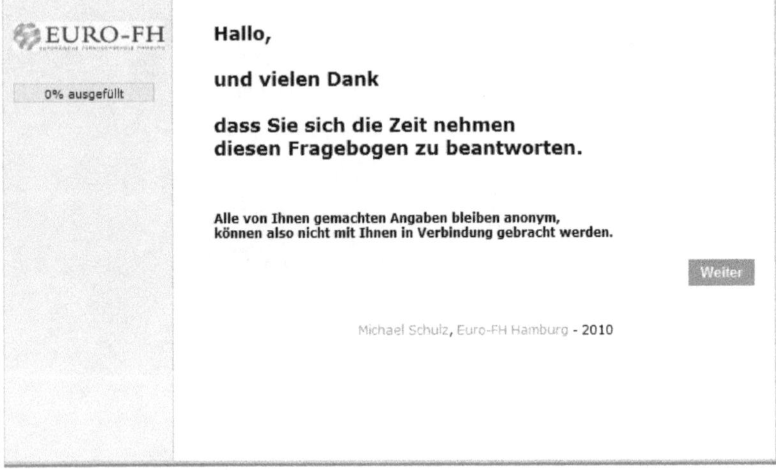

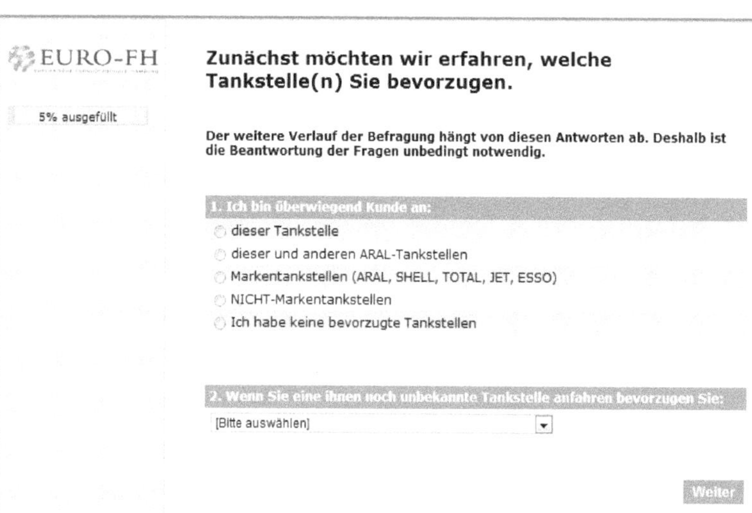
EURO-FH
5% ausgefüllt
Zunächst möchten wir erfahren, welche Tankstelle(n) Sie bevorzugen.
Der weitere Verlauf der Befragung hängt von diesen Antworten ab. Deshalb ist die Beantwortung der Fragen unbedingt notwendig.
1. Ich bin überwiegend Kunde an:
dieser Tankstelle
dieser und anderen ARAL-Tankstellen
Markentankstellen (ARAL, SHELL, TOTAL, JET, ESSO)
NICHT-Markentankstellen
Ich habe keine bevorzugte Tankstellen
2. Wenn Sie eine ihnen noch unbekannte Tankstelle anfahren bevorzugen Sie:
[Bitte auswählen]
Weiter
Michael Schulz, Talstraße 37, 66287 Quierschied, Euro-FH Hamburg - 2010

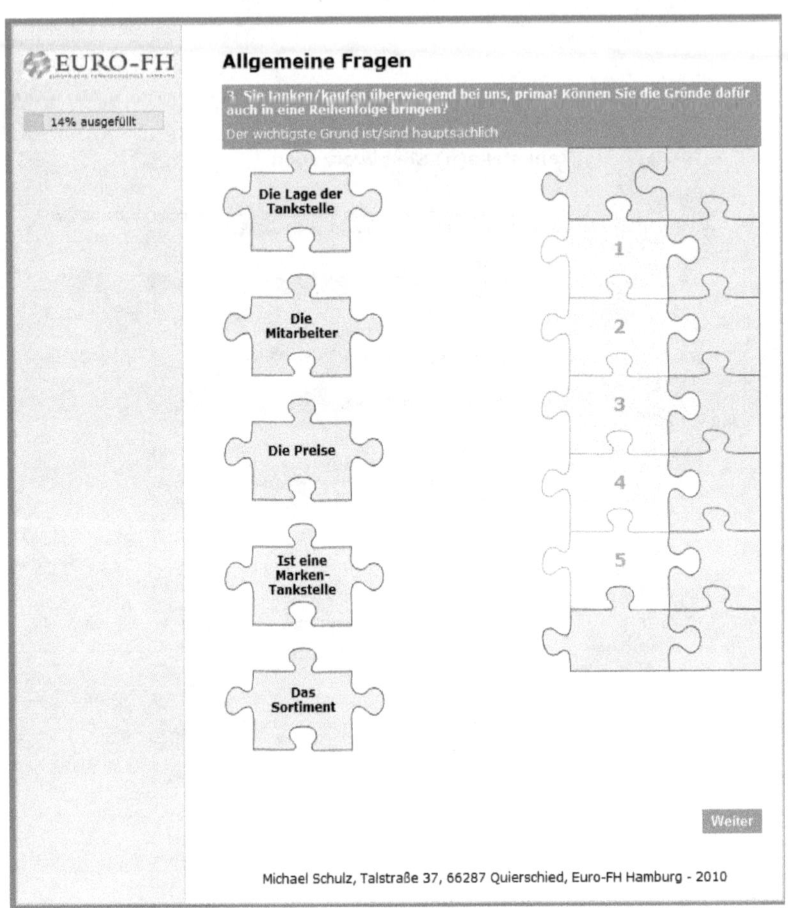
EURO-FH
14% ausgefüllt
Allgemeine Fragen
3. Sie tanken/kaufen überwiegend bei uns, prima! Können Sie die Gründe dafür auch in eine Reihenfolge bringen?
Der wichtigste Grund ist/sind hauptsächlich
Die Lage der Tankstelle
Die Mitarbeiter
Die Preise
Ist eine Marken-Tankstelle
Das Sortiment
1
2
3
4
5
Weiter
Michael Schulz, Talstraße 37, 66287 Quierschied, Euro-FH Hamburg - 2010

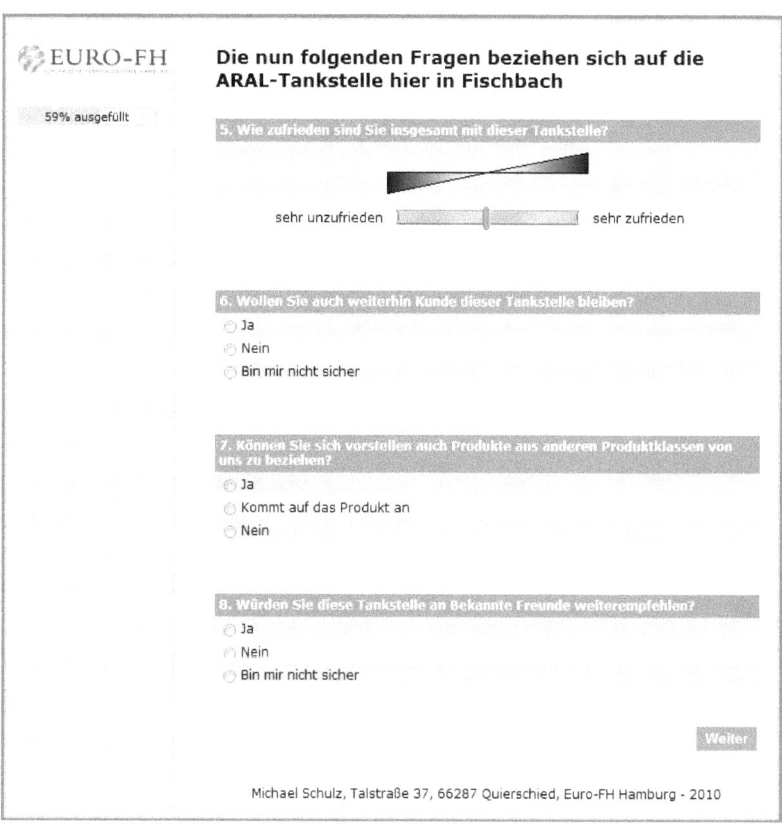
EURO-FH
59% ausgefüllt
Die nun folgenden Fragen beziehen sich auf die ARAL-Tankstelle hier in Fischbach
5. Wie zufrieden sind Sie insgesamt mit dieser Tankstelle?
sehr unzufrieden
sehr zufrieden
6. Wollen Sie auch weiterhin Kunde dieser Tankstelle bleiben?
Ja
Nein
Bin mir nicht sicher
7. Können Sie sich vorstellen auch Produkte aus anderen Produktklassen von uns zu beziehen?
Ja
Kommt auf das Produkt an
Nein
8. Würden Sie diese Tankstelle an Bekannte Freunde weiterempfehlen?
Ja
Nein
Bin mir nicht sicher
Weiter
Michael Schulz, Talstraße 37, 66287 Quierschied, Euro-FH Hamburg - 2010

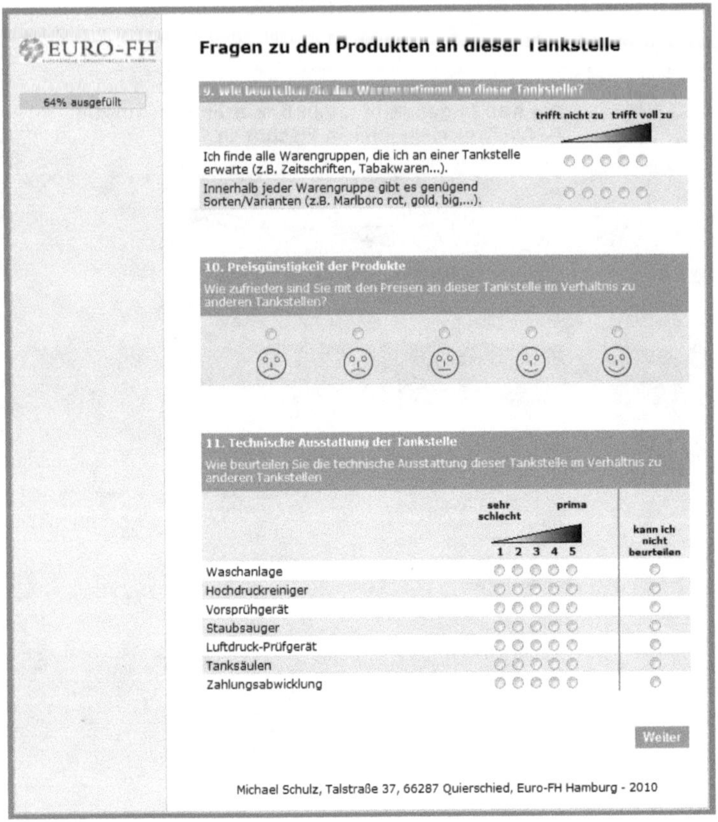

EURO-FH

64% ausgefüllt

Fragen zu den Produkten an dieser Tankstelle

9. Wie beurteilen Sie das Warensortiment an dieser Tankstelle?

	trifft nicht zu … trifft voll zu
Ich finde alle Warengruppen, die ich an einer Tankstelle erwarte (z.B. Zeitschriften, Tabakwaren...).	○ ○ ○ ○ ○
Innerhalb jeder Warengruppe gibt es genügend Sorten/Varianten (z.B. Marlboro rot, gold, big,...).	○ ○ ○ ○ ○

10. Preisgünstigkeit der Produkte

Wie zufrieden sind Sie mit den Preisen an dieser Tankstelle im Verhältnis zu anderen Tankstellen?

11. Technische Ausstattung der Tankstelle

Wie beurteilen Sie die technische Ausstattung dieser Tankstelle im Verhältnis zu anderen Tankstellen

	sehr schlecht … prima (1 2 3 4 5)	kann ich nicht beurteilen
Waschanlage	○ ○ ○ ○ ○	○
Hochdruckreiniger	○ ○ ○ ○ ○	○
Vorsprühgerät	○ ○ ○ ○ ○	○
Staubsauger	○ ○ ○ ○ ○	○
Luftdruck-Prüfgerät	○ ○ ○ ○ ○	○
Tanksäulen	○ ○ ○ ○ ○	○
Zahlungsabwicklung	○ ○ ○ ○ ○	○

Weiter

Michael Schulz, Talstraße 37, 66287 Quierschied, Euro-FH Hamburg - 2010

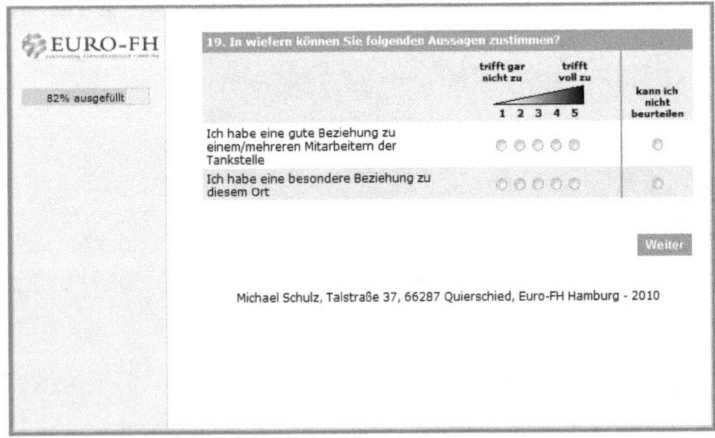

EURO-FH

82% ausgefüllt

19. In wiefern können Sie folgenden Aussagen zustimmen?

	trifft gar nicht zu … trifft voll zu (1 2 3 4 5)	kann ich nicht beurteilen
Ich habe eine gute Beziehung zu einem/mehreren Mitarbeitern der Tankstelle	○ ○ ○ ○ ○	○
Ich habe eine besondere Beziehung zu diesem Ort	○ ○ ○ ○ ○	○

Weiter

Michael Schulz, Talstraße 37, 66287 Quierschied, Euro-FH Hamburg - 2010

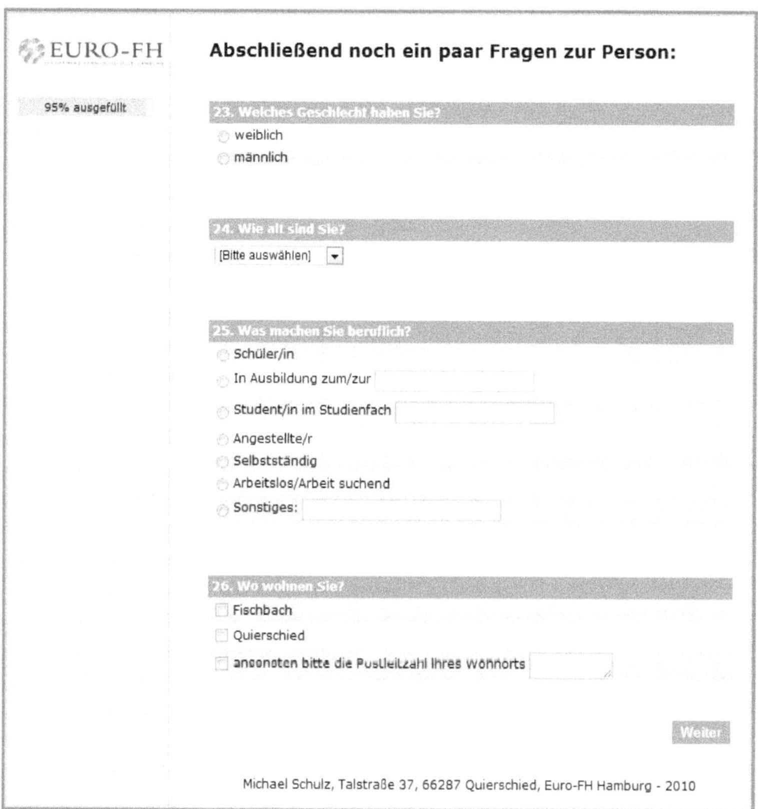

EURO-FH

95% ausgefüllt

Abschließend noch ein paar Fragen zur Person:

23. Welches Geschlecht haben Sie?

- weiblich
- männlich

24. Wie alt sind Sie?

[Bitte auswählen]

25. Was machen Sie beruflich?

- Schüler/in
- In Ausbildung zum/zur
- Student/in im Studienfach
- Angestellte/r
- Selbstständig
- Arbeitslos/Arbeit suchend
- Sonstiges:

26. Wo wohnen Sie?

- Fischbach
- Quierschied
- ansonsten bitte die Postleitzahl Ihres Wohnorts

Weiter

Michael Schulz, Talstraße 37, 66287 Quierschied, Euro-FH Hamburg - 2010

Abonnement

Hiermit abonniere ich die Reihe **Beiträge zur anwendungsorientierten Unternehmensführung (ISSN 2192-0478),** herausgegeben von Prof. Dr. Jörn Altmann und Prof. Dr. Ronald Deckert,

❒ ab Band # 1

❒ ab Band # ___

❒ Außerdem bestelle ich folgende der bereits erschienenen Bände:

#___, ___, ___, ___, ___, ___, ___, ___, ___, ___, ___

❒ ab der nächsten Neuerscheinung

❒ Außerdem bestelle ich folgende der bereits erschienenen Bände:

#___, ___, ___, ___, ___, ___, ___, ___, ___, ___, ___

❒ 1 Ausgabe pro Band ODER ❒ ___ Ausgaben pro Band

Bitte senden Sie meine Bücher zur versandkostenfreien Lieferung innerhalb Deutschlands an folgende Anschrift:

Vorname, Name: ______________________________

Straße, Hausnr.: ______________________________

PLZ, Ort: ______________________________

*Tel. (für Rückfragen):*________________ *Datum, Unterschrift:* ________________

Zahlungsart

❒ *ich möchte per Rechnung zahlen*

❒ *ich möchte per Lastschrift zahlen*

bei Zahlung per Lastschrift bitte ausfüllen:

Kontoinhaber: ______________________________

Kreditinstitut: ______________________________

Kontonummer: ________________ Bankleitzahl: ________________

Hiermit ermächtige ich jederzeit widerruflich den *ibidem*-Verlag, die fälligen Zahlungen für mein Abonnement der Reihe **Beiträge zur anwendungsorientierten Unternehmensführung (ISSN 2192-0478)** von meinem oben genannten Konto per Lastschrift abzubuchen.

Datum, Unterschrift: ______________________________

Abonnementformular entweder **per Fax** senden an: **0511 / 262 2201** oder 0711 / 800 1889
oder als **Brief** an: *ibidem*-Verlag, Leuschnerstr. 40, 30457 Hannover oder
als e-mail an: ibidem@ibidem-verlag.de

***ibidem*-Verlag**

Melchiorstr. 15

D-70439 Stuttgart

info@ibidem-verlag.de

www.ibidem-verlag.de
www.ibidem.eu
www.edition-noema.de
www.autorenbetreuung.de

Zeitfracht Medien GmbH
Ferdinand-Jühlke-Straße 7
99095 Erfurt, Deutschland
produktsicherheit@kolibri360.de